500 Worksheets - Identifying Largest Number of 5 Digits Math Practice Workbook

By Kapoo Stem

Math Worksheets

By Kapoo Stem
http://www.amazon.com/Kapoo-Stem/e/B00O1QDOWU/
http://www.amazon.co.uk/Kapoo-Stem/e/B00O1QDOWU/
Email: KapooStem@gmail.com

There is nothing more effective than a pencil and paper for practicing some math skills. These math worksheets are ideal for teachers, parents, students, and home schoolers. The learner can significantly improve math knowledge by developing a simple habit to daily practice the math drills.

Tutors and homeschoolers use the maths worksheets to test and measure the child's mastery of basic math skills. These math drill sheets can save you precious planning time when homeschooling as you can use these work sheets to give extra practice of essential math skills. Parents use these mathematics worksheets for their kids homework practice too.

Designed for after school study and self study, it is used by homeschooler, special needs and gifted kids to add to the learning experience in positive ways. You can also use the worksheets during the summer to get your children ready for the upcoming school term. It helps your child excel in school as well as in building good study habits. If a workbook or mathematic textbook is not allowing for much basic practise, these sheets give you the flexibility to follow the practice that your student needs for an education curriculum.

These worksheets are not designed to be grade specific for students, rather depend on how much practice they've had at the skill in the past and how the curriculum in your school is organized. Kids work at their own level and their own pace through these activities. The learner can practice one worksheet a day, two worksheets a day, one every alternate day, one per week, two per week or can follow any consistent pattern. Make best use of your judgement.

Name ______________ Date ________________

Score ________________

Underline the largest number from the numbers given below

1)	**75129**	**70339**	**17231**	**67895**
2)	**58139**	**51140**	**32438**	**84076**
3)	**18629**	**25905**	**95606**	**68377**
4)	**16052**	**68146**	**70701**	**48283**
5)	**47646**	**36984**	**94172**	**38195**
6)	**85972**	**69958**	**43558**	**83321**
7)	**63675**	**50358**	**32501**	**13868**
8)	**52743**	**76323**	**13953**	**37695**
9)	**30166**	**44480**	**34859**	**39099**
10)	**88970**	**67721**	**72275**	**10418**

Name ______________ Date ________________

Score ________________

Underline the largest number from the numbers given below

1)	**45404**	**94757**	**19301**	**31431**
2)	**72374**	**36827**	**12883**	**25618**
3)	**72248**	**76897**	**47206**	**53334**
4)	**95227**	**56736**	**72294**	**18533**
5)	**12671**	**46868**	**58459**	**95103**
6)	**26915**	**82569**	**62862**	**99776**
7)	**15810**	**14078**	**73474**	**62018**
8)	**24149**	**92905**	**67214**	**97156**
9)	**89338**	**26799**	**28544**	**23551**
10)	**40852**	**42334**	**76819**	**16598**

Name ________________ Date __________________

Score ___________________

Underline the largest number from the numbers given below

1)	**12141**	**19714**	**93928**	**42142**
2)	**76391**	**39118**	**55187**	**19777**
3)	**96445**	**64184**	**85884**	**92707**
4)	**10398**	**68621**	**64344**	**75057**
5)	**78047**	**36160**	**28153**	**26132**
6)	**50872**	**72046**	**19805**	**23050**
7)	**68844**	**44041**	**25425**	**36016**
8)	**53066**	**21950**	**35878**	**58957**
9)	**57152**	**18438**	**26946**	**92040**
10)	**61456**	**55050**	**37161**	**99882**

Name ________________ Date ___________________

Score ___________________

Underline the largest number from the numbers given below

1)	**24790**	**68358**	**88925**	**77136**
2)	**64545**	**59546**	**83628**	**96572**
3)	**55475**	**24748**	**60165**	**73400**
4)	**23417**	**89945**	**62402**	**29321**
5)	**38602**	**58754**	**89554**	**35305**
6)	**20946**	**29250**	**63323**	**28050**
7)	**10966**	**35134**	**75199**	**91474**
8)	**33253**	**13585**	**94673**	**53094**
9)	**34181**	**71967**	**24884**	**13560**
10)	**41071**	**68274**	**35936**	**74538**

Name ________________ Date __________________

Score ___________________

Underline the largest number from the numbers given below

1)	**10378**	**87569**	**21817**	**81335**
2)	**48022**	**67075**	**72180**	**88080**
3)	**73772**	**61022**	**56079**	**47482**
4)	**16709**	**75578**	**79537**	**14364**
5)	**44552**	**16631**	**10364**	**22393**
6)	**87281**	**54366**	**92063**	**54848**
7)	**88562**	**66758**	**32905**	**22616**
8)	**17853**	**94645**	**46125**	**48175**
9)	**48659**	**18486**	**69746**	**71773**
10)	**27704**	**36023**	**12355**	**19913**

Name ________________ Date ___________________

Score ___________________

Underline the largest number from the numbers given below

1) **42316** **51620** **90277** **89154**

2) **96968** **39094** **52119** **49327**

3) **58392** **74774** **18147** **60275**

4) **69622** **68673** **99636** **44503**

5) **18397** **80779** **51221** **31872**

6) **23161** **63977** **71076** **32001**

7) **86631** **16243** **46594** **38206**

8) **71453** **19990** **78471** **99691**

9) **45141** **32967** **25934** **77346**

10) **69077** **38509** **23262** **67525**

Name ______________ Date ________________

Score ________________

Underline the largest number from the numbers given below

1) 98900 64276 72785 43901

2) 53095 36921 60960 53024

3) 96926 39771 13680 23416

4) 36381 78231 23539 25356

5) 32799 47774 15769 21174

6) 37387 75839 26689 76334

7) 16680 42337 54607 84162

8) 74143 41148 91392 36331

9) 14902 43357 50527 87679

10) 92515 13440 34031 37316

Name ________________ Date ___________________

Score ___________________

Underline the largest number from the numbers given below

1)	**18312**	**56853**	**25415**	**86032**
2)	**34560**	**63463**	**35288**	**63350**
3)	**18582**	**26363**	**50127**	**47842**
4)	**72622**	**73320**	**85574**	**86161**
5)	**26090**	**68094**	**60981**	**71837**
6)	**46789**	**65031**	**94932**	**33594**
7)	**85257**	**86217**	**79805**	**18039**
8)	**82894**	**61118**	**73201**	**91170**
9)	**66290**	**20745**	**85342**	**75406**
10)	**36590**	**65324**	**65735**	**77474**

Name ________________ Date ____________________

Score ____________________

Underline the largest number from the numbers given below

1)	**18293**	**79491**	**54329**	**86367**
2)	**54907**	**15879**	**62791**	**50553**
3)	**70384**	**22666**	**80072**	**93323**
4)	**49886**	**64128**	**25658**	**51012**
5)	**50668**	**40764**	**33741**	**83900**
6)	**15439**	**72193**	**57263**	**56783**
7)	**65906**	**16306**	**39619**	**53459**
8)	**62423**	**85138**	**55856**	**36579**
9)	**89992**	**36094**	**80730**	**77449**
10)	**92761**	**54572**	**81469**	**73685**

Name ________________ Date ___________________

Score ___________________

Underline the largest number from the numbers given below

1)	**36487**	**33536**	**71895**	**71288**
2)	**95338**	**40216**	**67402**	**93329**
3)	**27827**	**39138**	**57623**	**96798**
4)	**60344**	**53361**	**82562**	**16712**
5)	**76952**	**74630**	**90748**	**47200**
6)	**86329**	**17607**	**28979**	**11397**
7)	**33189**	**87412**	**30255**	**11127**
8)	**42635**	**38331**	**36988**	**71856**
9)	**49291**	**25517**	**68893**	**38840**
10)	**13629**	**49292**	**78124**	**68679**

Name ________________ Date ___________________

Score ___________________

Underline the largest number from the numbers given below

1)	**44710**	**40720**	**22001**	**87445**
2)	**64055**	**97938**	**47682**	**95078**
3)	**50381**	**88475**	**36088**	**57170**
4)	**90657**	**70253**	**38368**	**92080**
5)	**58030**	**64365**	**75617**	**45625**
6)	**23046**	**40845**	**29783**	**12068**
7)	**40829**	**14124**	**53986**	**14220**
8)	**36253**	**82447**	**40344**	**96848**
9)	**19651**	**11326**	**15706**	**33050**
10)	**66759**	**11193**	**98460**	**32782**

Name ______________ Date ________________

Score ________________

Underline the largest number from the numbers given below

1)	**99490**	**60645**	**82732**	**90507**
2)	**10269**	**65892**	**11478**	**45283**
3)	**51183**	**54169**	**64240**	**80887**
4)	**11049**	**49498**	**95676**	**19321**
5)	**21352**	**48988**	**53099**	**99743**
6)	**80515**	**48714**	**25881**	**16014**
7)	**77758**	**33646**	**89420**	**90497**
8)	**62469**	**71152**	**24798**	**80336**
9)	**16118**	**71419**	**86379**	**97619**
10)	**65308**	**65291**	**45367**	**17924**

Name ________________ Date ____________________

Score ____________________

Underline the largest number from the numbers given below

1)	**30473**	**41302**	**70671**	**53204**
2)	**24314**	**53789**	**37944**	**10999**
3)	**64793**	**16935**	**14547**	**11739**
4)	**23789**	**37539**	**71319**	**98706**
5)	**41494**	**84287**	**20314**	**17512**
6)	**83241**	**60549**	**16917**	**21118**
7)	**61609**	**26516**	**69167**	**78299**
8)	**85044**	**36833**	**72627**	**69909**
9)	**12346**	**10239**	**98642**	**28147**
10)	**26937**	**43522**	**47135**	**98840**

Name ________________ Date ___________________

Score ___________________

Underline the largest number from the numbers given below

1)	**80590**	**71603**	**74171**	**76195**
2)	**13608**	**37231**	**83932**	**98710**
3)	**96566**	**64211**	**70999**	**26502**
4)	**33377**	**27456**	**55634**	**55926**
5)	**30145**	**17356**	**49194**	**66203**
6)	**42695**	**12770**	**67084**	**66269**
7)	**30413**	**91597**	**10271**	**81302**
8)	**30608**	**70404**	**40607**	**65017**
9)	**76798**	**76934**	**36605**	**37605**
10)	**63768**	**57220**	**28673**	**85923**

Name ________________ Date __________________

Score ___________________

Underline the largest number from the numbers given below

1)	**74584**	**11622**	**67234**	**84882**
2)	**28779**	**33551**	**72087**	**87121**
3)	**99436**	**13206**	**82859**	**43324**
4)	**59962**	**78062**	**26583**	**77647**
5)	**81614**	**53437**	**98002**	**28222**
6)	**21172**	**54143**	**58389**	**26604**
7)	**88603**	**78587**	**19775**	**48672**
8)	**70972**	**22947**	**32585**	**43515**
9)	**42961**	**32819**	**31120**	**93334**
10)	**58524**	**12181**	**85586**	**95711**

Name ________________ Date ___________________

Score ___________________

Underline the largest number from the numbers given below

1)	**61426**	**79444**	**49467**	**46633**
2)	**68185**	**75236**	**45290**	**90950**
3)	**62651**	**90974**	**24655**	**69717**
4)	**85227**	**32829**	**60021**	**22267**
5)	**99293**	**44891**	**97440**	**15713**
6)	**98535**	**39054**	**91592**	**18705**
7)	**34430**	**56816**	**52983**	**87716**
8)	**95378**	**95042**	**62949**	**93469**
9)	**55767**	**75074**	**75379**	**31755**
10)	**67593**	**73252**	**61832**	**88716**

Name ________________ Date ___________________

Score ___________________

Underline the largest number from the numbers given below

1)	**65208**	**39482**	**20878**	**91936**
2)	**19485**	**57449**	**18923**	**93728**
3)	**82780**	**67086**	**78156**	**80975**
4)	**13288**	**63667**	**10188**	**33885**
5)	**15456**	**46386**	**17116**	**54051**
6)	**83318**	**63199**	**97177**	**46062**
7)	**31007**	**49141**	**25233**	**49315**
8)	**98008**	**81016**	**96758**	**94955**
9)	**81925**	**28831**	**79143**	**88687**
10)	**18875**	**90134**	**28043**	**64113**

Name ________________ Date ___________________

Score ___________________

Underline the largest number from the numbers given below

1)	**81531**	**71098**	**79254**	**75254**
2)	**94504**	**21501**	**49067**	**69174**
3)	**60054**	**63835**	**63801**	**54643**
4)	**55205**	**98332**	**13834**	**57165**
5)	**18291**	**71116**	**99080**	**96161**
6)	**50177**	**91649**	**51316**	**62685**
7)	**93995**	**49364**	**92489**	**50877**
8)	**96482**	**92348**	**98559**	**27525**
9)	**62419**	**84494**	**28060**	**67251**
10)	**16650**	**31773**	**29605**	**47838**

Name ________________ Date __________________

Score ___________________

Underline the largest number from the numbers given below

1)	**69063**	**70113**	**88139**	**20942**
2)	**91349**	**75389**	**50122**	**46518**
3)	**22812**	**62526**	**13203**	**39500**
4)	**61769**	**32326**	**67528**	**34342**
5)	**84325**	**80300**	**22192**	**59835**
6)	**55648**	**31554**	**29061**	**69957**
7)	**45208**	**29210**	**62803**	**14503**
8)	**69091**	**75813**	**74467**	**36558**
9)	**49847**	**12794**	**30331**	**55657**
10)	**62565**	**77168**	**75489**	**45753**

Name ________________ Date ___________________

Score ___________________

Underline the largest number from the numbers given below

1)	**68397**	**34604**	**21904**	**65288**
2)	**79272**	**14441**	**20500**	**95462**
3)	**13935**	**98760**	**99738**	**96915**
4)	**80236**	**44837**	**92210**	**42484**
5)	**32287**	**21120**	**45323**	**55342**
6)	**43774**	**14855**	**96377**	**72279**
7)	**66200**	**46740**	**10484**	**42037**
8)	**60291**	**80421**	**11461**	**38003**
9)	**76234**	**65490**	**76506**	**62560**
10)	**82142**	**51149**	**67177**	**75325**

Name ________________ Date ___________________

Score ___________________

Underline the largest number from the numbers given below

1)	**71963**	**81363**	**29666**	**51041**
2)	**43277**	**91003**	**65901**	**76886**
3)	**10900**	**59685**	**86656**	**48514**
4)	**46705**	**21329**	**63195**	**31306**
5)	**27807**	**40460**	**92318**	**85691**
6)	**60412**	**14075**	**45222**	**24187**
7)	**56822**	**18907**	**67507**	**98959**
8)	**77963**	**26280**	**57613**	**63039**
9)	**29079**	**72979**	**24661**	**20471**
10)	**67999**	**15872**	**36435**	**11617**

Name ________________ Date ___________________

Score ___________________

Underline the largest number from the numbers given below

1)	**83619**	**77406**	**20831**	**76965**
2)	**46437**	**43792**	**36062**	**47777**
3)	**97319**	**75029**	**61602**	**20221**
4)	**78219**	**77131**	**47076**	**97810**
5)	**16245**	**28838**	**87372**	**29640**
6)	**25944**	**33516**	**67788**	**35793**
7)	**25510**	**14580**	**23393**	**80075**
8)	**39056**	**50892**	**46090**	**83879**
9)	**53941**	**63184**	**11808**	**95559**
10)	**66268**	**11665**	**96264**	**27388**

Name ________________ Date __________________

Score ___________________

Underline the largest number from the numbers given below

1)	**88612**	**74019**	**59930**	**59156**
2)	**30457**	**40442**	**68608**	**67994**
3)	**61870**	**76306**	**65808**	**27450**
4)	**41769**	**20934**	**92992**	**24923**
5)	**48322**	**89785**	**14465**	**26383**
6)	**42925**	**59075**	**12476**	**26125**
7)	**13824**	**69001**	**63295**	**60219**
8)	**45846**	**57761**	**71616**	**33614**
9)	**44488**	**74742**	**92509**	**83226**
10)	**40319**	**29658**	**33357**	**49750**

Name ________________ Date ___________________

Score ___________________

Underline the largest number from the numbers given below

1) 50917 46725 15365 20843

2) 11620 91612 95105 38482

3) 17959 27871 54865 43058

4) 68633 87943 13534 88745

5) 48641 45097 72321 76855

6) 87531 92395 75122 78988

7) 31507 43845 14412 67096

8) 94281 52924 83607 64390

9) 97425 70176 41886 39190

10) 91136 11887 47909 84251

Name ________________ Date ___________________

Score ___________________

Underline the largest number from the numbers given below

1)	**35613**	**59970**	**52375**	**97764**
2)	**57519**	**72272**	**17996**	**67949**
3)	**39139**	**56235**	**21799**	**41038**
4)	**42443**	**93583**	**78550**	**85839**
5)	**69088**	**20356**	**70028**	**27218**
6)	**25485**	**18747**	**42015**	**67476**
7)	**15661**	**12615**	**39635**	**76095**
8)	**33357**	**38345**	**53763**	**24758**
9)	**74528**	**94586**	**46265**	**22698**
10)	**25071**	**25391**	**29371**	**43039**

Name ________________ Date ___________________

Score ___________________

Underline the largest number from the numbers given below

1)	**99595**	**18757**	**30803**	**34739**
2)	**84038**	**68523**	**13061**	**91657**
3)	**45479**	**71612**	**51899**	**69579**
4)	**26350**	**42618**	**79388**	**57479**
5)	**35731**	**63843**	**32652**	**69137**
6)	**38154**	**84428**	**83153**	**91013**
7)	**62731**	**55700**	**72872**	**86460**
8)	**85717**	**15296**	**28693**	**40077**
9)	**67636**	**17360**	**84527**	**13942**
10)	**10064**	**27268**	**65775**	**65957**

Name ________________ Date __________________

Score __________________

Underline the largest number from the numbers given below

1)	**32247**	**95783**	**70437**	**68713**
2)	**16525**	**67717**	**69408**	**91696**
3)	**14193**	**81343**	**88681**	**59341**
4)	**51689**	**49904**	**56739**	**40384**
5)	**67317**	**67501**	**71735**	**93619**
6)	**30401**	**58239**	**35412**	**70074**
7)	**56940**	**24595**	**30277**	**60958**
8)	**38973**	**15308**	**22709**	**21979**
9)	**91898**	**61164**	**84850**	**39072**
10)	**34264**	**33681**	**19016**	**58125**

Name ________________ Date ___________________

Score ___________________

Underline the largest number from the numbers given below

1)	**59329**	**25722**	**44038**	**68779**
2)	**78979**	**15603**	**54642**	**63528**
3)	**28948**	**13471**	**58488**	**74409**
4)	**72750**	**91511**	**42659**	**65760**
5)	**42546**	**24063**	**31005**	**51746**
6)	**71238**	**70929**	**42802**	**12899**
7)	**64030**	**96651**	**57587**	**23995**
8)	**29180**	**65708**	**15489**	**39008**
9)	**15426**	**38621**	**13138**	**59625**
10)	**33871**	**76962**	**20944**	**50141**

Name ________________ Date ___________________

Score ___________________

Underline the largest number from the numbers given below

1)	**64302**	**22378**	**47659**	**25724**
2)	**48395**	**50044**	**55370**	**39889**
3)	**89630**	**78510**	**22725**	**66240**
4)	**97518**	**93113**	**11879**	**88530**
5)	**12039**	**92155**	**14652**	**57498**
6)	**11935**	**83600**	**97137**	**17126**
7)	**38554**	**44154**	**20815**	**24419**
8)	**92423**	**10381**	**87195**	**74482**
9)	**52214**	**80307**	**94011**	**84335**
10)	**91748**	**15955**	**45975**	**29657**

Name ________________ Date ___________________

Score ___________________

Underline the largest number from the numbers given below

1)	**20712**	**43282**	**14029**	**60868**
2)	**12870**	**56758**	**15235**	**99031**
3)	**74258**	**75130**	**88189**	**56253**
4)	**58632**	**13061**	**71608**	**89895**
5)	**79148**	**78498**	**54699**	**78581**
6)	**87445**	**83798**	**48264**	**15008**
7)	**88521**	**17687**	**75283**	**35772**
8)	**64068**	**14489**	**70994**	**67572**
9)	**83469**	**69542**	**14628**	**76848**
10)	**17938**	**95822**	**38709**	**22111**

Name ________________ Date __________________

Score ___________________

Underline the largest number from the numbers given below

1)	**56573**	**52806**	**64066**	**77984**
2)	**54972**	**71533**	**11292**	**44989**
3)	**28680**	**18969**	**80360**	**36707**
4)	**99180**	**72970**	**35139**	**94069**
5)	**48950**	**38272**	**56402**	**62719**
6)	**55657**	**41740**	**32652**	**71873**
7)	**54937**	**66526**	**19493**	**43520**
8)	**41435**	**59271**	**44986**	**99078**
9)	**55141**	**80268**	**86363**	**73669**
10)	**55966**	**81514**	**32502**	**36582**

Name ________________ Date ____________________

Score ____________________

Underline the largest number from the numbers given below

1)	**61591**	**89640**	**53796**	**76018**
2)	**48301**	**87379**	**38517**	**60882**
3)	**66766**	**75554**	**42078**	**32615**
4)	**56510**	**94483**	**39359**	**33112**
5)	**42065**	**26186**	**61918**	**39025**
6)	**35520**	**72363**	**33061**	**93729**
7)	**71775**	**28199**	**81290**	**41575**
8)	**29201**	**31819**	**93040**	**37212**
9)	**68138**	**17969**	**56818**	**90976**
10)	**84265**	**32215**	**97728**	**14936**

Name ______________ Date ________________

Score ________________

Underline the largest number from the numbers given below

1)	**40181**	**39745**	**53939**	**59285**
2)	**76024**	**76931**	**29279**	**15244**
3)	**89893**	**44686**	**49320**	**58078**
4)	**44103**	**64341**	**84218**	**63709**
5)	**42956**	**89663**	**57089**	**27181**
6)	**89156**	**69024**	**64342**	**91874**
7)	**61654**	**73965**	**21321**	**61461**
8)	**88799**	**62343**	**40036**	**60496**
9)	**63382**	**87832**	**54564**	**92946**
10)	**49930**	**84912**	**98082**	**66574**

Name ________________ Date ____________________

Score ___________________

Underline the largest number from the numbers given below

1)	**64182**	**51357**	**42027**	**13710**
2)	**61452**	**55574**	**31917**	**31970**
3)	**41614**	**11492**	**74059**	**81517**
4)	**76682**	**75537**	**36684**	**28880**
5)	**56491**	**69466**	**98939**	**19866**
6)	**98920**	**42414**	**14328**	**14306**
7)	**80979**	**63703**	**72399**	**37473**
8)	**20150**	**88580**	**54249**	**55844**
9)	**28670**	**40647**	**60003**	**10737**
10)	**73111**	**83144**	**76366**	**73104**

Name ________________ Date __________________

Score ___________________

Underline the largest number from the numbers given below

1)	**96403**	**41178**	**80845**	**61624**
2)	**66844**	**32114**	**23890**	**99058**
3)	**96825**	**67557**	**47803**	**88162**
4)	**10902**	**92521**	**56802**	**96245**
5)	**63457**	**74622**	**36619**	**32446**
6)	**42971**	**40879**	**72856**	**85658**
7)	**29880**	**37208**	**36010**	**19536**
8)	**17726**	**64202**	**80179**	**97183**
9)	**98772**	**78743**	**26226**	**88755**
10)	**68445**	**83571**	**90018**	**12722**

Name ________________ Date ____________________

Score ___________________

Underline the largest number from the numbers given below

1)	**81580**	**37269**	**41493**	**60236**
2)	**73668**	**34107**	**90590**	**46619**
3)	**99617**	**92961**	**98830**	**87474**
4)	**32537**	**75663**	**50112**	**88280**
5)	**51393**	**45201**	**18784**	**19322**
6)	**55871**	**60709**	**31328**	**73432**
7)	**60381**	**18612**	**79338**	**48984**
8)	**29439**	**75281**	**25641**	**97458**
9)	**27894**	**58727**	**51346**	**88850**
10)	**39385**	**99587**	**70684**	**10553**

Name ____________ Date ________________

Score ________________

Underline the largest number from the numbers given below

1)	**89534**	**49272**	**18781**	**45745**
2)	**30691**	**82541**	**99733**	**47703**
3)	**95105**	**39313**	**52983**	**24386**
4)	**92376**	**10174**	**75080**	**72493**
5)	**40483**	**16841**	**85340**	**42035**
6)	**38193**	**92733**	**78134**	**97543**
7)	**89258**	**24378**	**84930**	**36461**
8)	**52434**	**28357**	**48886**	**42134**
9)	**87301**	**98854**	**52580**	**96608**
10)	**82656**	**26276**	**10090**	**46694**

Name ______________ Date ________________

Score ________________

Underline the largest number from the numbers given below

1)	**38751**	**40400**	**53662**	**40064**
2)	**15191**	**71097**	**60854**	**76690**
3)	**50054**	**75877**	**88110**	**99538**
4)	**66581**	**38709**	**69028**	**90425**
5)	**44973**	**53174**	**45086**	**70160**
6)	**80729**	**75459**	**67467**	**71463**
7)	**86913**	**58368**	**63453**	**55907**
8)	**63525**	**75527**	**59215**	**98240**
9)	**55343**	**82890**	**49198**	**29817**
10)	**44455**	**39925**	**73641**	**64275**

Name ________________ Date ___________________

Score ___________________

Underline the largest number from the numbers given below

1)	**74929**	**36736**	**71703**	**72446**
2)	**77820**	**90715**	**54676**	**18099**
3)	**83770**	**99165**	**32677**	**21600**
4)	**74908**	**98683**	**93884**	**41523**
5)	**46732**	**92961**	**55760**	**34948**
6)	**84407**	**78155**	**44308**	**61886**
7)	**85487**	**73284**	**92660**	**89847**
8)	**63865**	**72593**	**13596**	**72608**
9)	**45131**	**69073**	**50307**	**30706**
10)	**60141**	**18195**	**97964**	**71364**

Name ________________ Date ___________________

Score ___________________

Underline the largest number from the numbers given below

1)	**88709**	**28091**	**41979**	**42285**
2)	**54934**	**21638**	**15202**	**71695**
3)	**91440**	**55639**	**35298**	**81885**
4)	**13314**	**22602**	**19897**	**97934**
5)	**90207**	**16923**	**81782**	**14775**
6)	**81596**	**25521**	**43830**	**51156**
7)	**90807**	**51795**	**62033**	**58232**
8)	**13348**	**85005**	**57039**	**67882**
9)	**57437**	**65571**	**36045**	**24821**
10)	**31641**	**16160**	**82370**	**61920**

Name ________________ Date __________________

Score __________________

Underline the largest number from the numbers given below

1)	**54928**	**72728**	**95602**	**26244**
2)	**64526**	**85919**	**57984**	**57916**
3)	**48913**	**70553**	**60761**	**62773**
4)	**82108**	**41610**	**17141**	**59106**
5)	**86416**	**64045**	**27212**	**69767**
6)	**58785**	**22192**	**36502**	**85111**
7)	**23756**	**12778**	**77320**	**28237**
8)	**90969**	**11760**	**55552**	**60016**
9)	**26522**	**60595**	**54165**	**71854**
10)	**23816**	**34914**	**43830**	**11811**

Name ________________ Date ___________________

Score ___________________

Underline the largest number from the numbers given below

1)	**27487**	**57135**	**60362**	**10406**
2)	**43688**	**69772**	**49277**	**11515**
3)	**31392**	**48339**	**51304**	**83358**
4)	**28399**	**77518**	**18268**	**76593**
5)	**53640**	**95172**	**77231**	**84499**
6)	**90291**	**97247**	**10937**	**36548**
7)	**19956**	**22996**	**97957**	**97769**
8)	**35178**	**32619**	**98161**	**50492**
9)	**24844**	**94305**	**52601**	**92111**
10)	**18915**	**19509**	**37498**	**31660**

Name ________________ Date ___________________

Score ___________________

Underline the largest number from the numbers given below

1) 55112 69188 77049 13956

2) 56800 88154 55128 76544

3) 39883 75589 33522 95294

4) 62223 89529 12889 66206

5) 41332 38206 95298 12359

6) 20452 23205 98750 78064

7) 24647 85974 26882 20693

8) 59234 16367 87553 98878

9) 24414 70732 98092 29704

10) 60430 26056 43755 17247

Name ________________ Date ___________________

Score ___________________

Underline the largest number from the numbers given below

1)	**28540**	**72078**	**71091**	**45205**
2)	**96729**	**31055**	**15094**	**12516**
3)	**22551**	**44585**	**59157**	**65609**
4)	**35207**	**17671**	**27910**	**44445**
5)	**42999**	**54999**	**90568**	**41817**
6)	**13292**	**54691**	**97756**	**37007**
7)	**55547**	**34462**	**52877**	**27288**
8)	**76586**	**97898**	**27019**	**98986**
9)	**98415**	**71787**	**60259**	**78965**
10)	**44088**	**50044**	**88565**	**28657**

Name ________________ Date ___________________

Score ___________________

Underline the largest number from the numbers given below

1)	**21228**	**36550**	**23967**	**77136**
2)	**29594**	**98065**	**54397**	**96397**
3)	**84983**	**96416**	**26486**	**31539**
4)	**50190**	**84246**	**70867**	**48969**
5)	**91918**	**11334**	**37215**	**30188**
6)	**16334**	**92251**	**38486**	**99136**
7)	**62478**	**28672**	**49806**	**96080**
8)	**98308**	**74528**	**56775**	**95396**
9)	**18947**	**73638**	**76970**	**53733**
10)	**63563**	**43642**	**64266**	**55492**

Name ________________ Date ___________________

Score ___________________

Underline the largest number from the numbers given below

1)	**41833**	**88708**	**87077**	**67865**
2)	**78201**	**22355**	**81394**	**33355**
3)	**43723**	**69007**	**26318**	**97622**
4)	**40976**	**31622**	**81246**	**44309**
5)	**22334**	**91297**	**43906**	**10302**
6)	**98903**	**59514**	**97495**	**41329**
7)	**86988**	**10113**	**59017**	**56705**
8)	**77447**	**72597**	**95777**	**65815**
9)	**40419**	**99209**	**60078**	**80356**
10)	**26303**	**44486**	**99713**	**63632**

Name ________________ Date ___________________

Score ___________________

Underline the largest number from the numbers given below

1)	**44095**	**76972**	**31460**	**12922**
2)	**81120**	**90210**	**31152**	**28683**
3)	**86008**	**33332**	**52029**	**68476**
4)	**12349**	**64399**	**92441**	**20779**
5)	**74280**	**91519**	**41310**	**72653**
6)	**38938**	**58100**	**66062**	**82214**
7)	**88159**	**46522**	**90162**	**94044**
8)	**96318**	**54405**	**86261**	**54910**
9)	**75399**	**94549**	**14387**	**38698**
10)	**43226**	**61012**	**30662**	**71454**

Name ________________ Date ___________________

Score ___________________

Underline the largest number from the numbers given below

1)	**10451**	**76647**	**82615**	**38996**
2)	**37234**	**14967**	**14745**	**62566**
3)	**10777**	**35130**	**81211**	**93888**
4)	**66478**	**30652**	**96439**	**40012**
5)	**24412**	**34665**	**72545**	**44548**
6)	**42997**	**14076**	**37470**	**96174**
7)	**74510**	**40074**	**45558**	**30978**
8)	**26000**	**92802**	**46678**	**67530**
9)	**34078**	**79906**	**99727**	**63509**
10)	**95719**	**21345**	**31592**	**85967**

Name ________________ Date ___________________

Score ___________________

Underline the largest number from the numbers given below

1)	**11729**	**83386**	**69573**	**23414**
2)	**97174**	**39573**	**24947**	**18623**
3)	**63559**	**78568**	**30343**	**71824**
4)	**87706**	**39941**	**42725**	**15666**
5)	**73206**	**37301**	**89493**	**31793**
6)	**41406**	**34089**	**88385**	**45069**
7)	**99641**	**48617**	**27580**	**40946**
8)	**94850**	**57426**	**38389**	**10327**
9)	**42783**	**67071**	**69033**	**68653**
10)	**77040**	**87039**	**91841**	**96980**

Name ________________ Date ___________________

Score ___________________

Underline the largest number from the numbers given below

1)	**32347**	**64571**	**15212**	**80272**
2)	**26004**	**97195**	**75413**	**14616**
3)	**55311**	**65894**	**52594**	**33481**
4)	**79464**	**76959**	**74452**	**87273**
5)	**60656**	**34961**	**60086**	**78954**
6)	**88274**	**86978**	**28045**	**17680**
7)	**48284**	**57100**	**44217**	**51017**
8)	**66125**	**70584**	**16219**	**45399**
9)	**65540**	**66557**	**27120**	**13582**
10)	**52972**	**75841**	**32959**	**89331**

Name ________________ Date ___________________

Score ___________________

Underline the largest number from the numbers given below

1)	**61936**	**60494**	**50310**	**73140**
2)	**24915**	**46440**	**77148**	**72560**
3)	**31595**	**74962**	**13146**	**58580**
4)	**95097**	**34758**	**30568**	**30325**
5)	**84703**	**60589**	**60629**	**75689**
6)	**12344**	**40368**	**77698**	**59669**
7)	**55885**	**54338**	**40331**	**40572**
8)	**94551**	**69910**	**25053**	**23850**
9)	**14796**	**33079**	**90882**	**81862**
10)	**59712**	**13880**	**14331**	**44121**

Name ________________ Date ___________________

Score ___________________

Underline the largest number from the numbers given below

1)	**69602**	**62395**	**63416**	**26466**
2)	**48687**	**10388**	**45461**	**33735**
3)	**72929**	**55844**	**79904**	**14016**
4)	**59381**	**60600**	**81646**	**76080**
5)	**28715**	**21635**	**53651**	**92084**
6)	**85585**	**77521**	**90173**	**61559**
7)	**25881**	**45358**	**60298**	**76626**
8)	**11107**	**12878**	**24569**	**70851**
9)	**97150**	**56098**	**18120**	**13086**
10)	**99361**	**28457**	**23429**	**95060**

Name ________________ Date ___________________

Score ___________________

Underline the largest number from the numbers given below

1)	**85695**	**36757**	**98048**	**53705**
2)	**30139**	**33102**	**32495**	**13325**
3)	**85365**	**91891**	**73573**	**61474**
4)	**25133**	**11886**	**61066**	**80067**
5)	**52774**	**52162**	**18054**	**86815**
6)	**34333**	**80374**	**50389**	**57083**
7)	**16676**	**20201**	**43843**	**73865**
8)	**66671**	**52341**	**57569**	**30908**
9)	**57043**	**42814**	**75561**	**46126**
10)	**94794**	**83915**	**31376**	**27426**

Name ________________ Date ___________________

Score ___________________

Underline the largest number from the numbers given below

1)	**69544**	**75025**	**60170**	**11929**
2)	**69033**	**94881**	**68468**	**46861**
3)	**79285**	**11131**	**85346**	**87672**
4)	**77918**	**12627**	**68076**	**64205**
5)	**41973**	**37724**	**57667**	**86041**
6)	**27100**	**34844**	**60789**	**50239**
7)	**43476**	**52613**	**92472**	**59487**
8)	**16290**	**82097**	**83140**	**83665**
9)	**60084**	**13052**	**81019**	**36596**
10)	**42610**	**60236**	**10361**	**80902**

Name ________________ Date __________________

Score ___________________

Underline the largest number from the numbers given below

1)	**58256**	**45712**	**45709**	**88842**
2)	**39457**	**80443**	**45377**	**49270**
3)	**73811**	**48987**	**24674**	**87413**
4)	**61412**	**23256**	**20028**	**90039**
5)	**73814**	**96048**	**26117**	**90314**
6)	**95405**	**26813**	**22574**	**62284**
7)	**47095**	**12834**	**59634**	**37236**
8)	**40120**	**21411**	**73260**	**26184**
9)	**42945**	**53356**	**68443**	**16930**
10)	**66786**	**96797**	**44707**	**34613**

Name _______________ Date __________________

Score __________________

Underline the largest number from the numbers given below

1)	**41804**	**16989**	**62302**	**72689**
2)	**14713**	**37197**	**61158**	**86485**
3)	**78313**	**23348**	**93508**	**77965**
4)	**61260**	**14944**	**67098**	**24473**
5)	**61735**	**50352**	**44837**	**29549**
6)	**91415**	**88256**	**79826**	**49110**
7)	**17737**	**16858**	**64297**	**84961**
8)	**53156**	**56002**	**36024**	**60262**
9)	**68432**	**47651**	**85428**	**13765**
10)	**17772**	**15775**	**90489**	**45289**

Name ________________ Date ___________________

Score ___________________

Underline the largest number from the numbers given below

1)	**10004**	**29250**	**55120**	**84573**
2)	**24651**	**97481**	**10684**	**32304**
3)	**53068**	**37660**	**70860**	**10168**
4)	**21779**	**33370**	**68981**	**75866**
5)	**26058**	**69454**	**30032**	**29117**
6)	**47792**	**39242**	**20558**	**48365**
7)	**97081**	**19639**	**23065**	**73130**
8)	**90404**	**87503**	**93858**	**90145**
9)	**26031**	**84246**	**68183**	**30386**
10)	**35997**	**13765**	**56916**	**72872**

Name ________________ Date ___________________

Score ___________________

Underline the largest number from the numbers given below

1)	**79021**	**76245**	**35282**	**60588**
2)	**85532**	**81871**	**61366**	**46816**
3)	**92752**	**29580**	**46130**	**60260**
4)	**79523**	**52487**	**41870**	**20134**
5)	**10685**	**58141**	**44070**	**11273**
6)	**62907**	**83126**	**81118**	**25501**
7)	**39525**	**76870**	**17189**	**36189**
8)	**40647**	**31301**	**84957**	**18678**
9)	**87252**	**88363**	**16366**	**68546**
10)	**70303**	**99679**	**51288**	**76341**

Name ________________ Date ___________________

Score ___________________

Underline the largest number from the numbers given below

1)	**74754**	**93116**	**66780**	**22069**
2)	**13308**	**77174**	**70298**	**58372**
3)	**93939**	**80727**	**98343**	**89533**
4)	**57075**	**33859**	**40365**	**99584**
5)	**48955**	**11948**	**11611**	**64483**
6)	**10845**	**72331**	**45407**	**41138**
7)	**91475**	**64935**	**83083**	**53350**
8)	**64813**	**52279**	**55852**	**45231**
9)	**79833**	**73974**	**25831**	**21912**
10)	**19362**	**28587**	**17373**	**72546**

Name ________________ Date ___________________

Score ___________________

Underline the largest number from the numbers given below

1)	**10015**	**67378**	**63299**	**53461**
2)	**92697**	**79682**	**48948**	**72190**
3)	**60159**	**17544**	**85160**	**33498**
4)	**42179**	**43472**	**61149**	**92093**
5)	**88022**	**97651**	**73426**	**30782**
6)	**12090**	**50803**	**88080**	**52586**
7)	**92289**	**91223**	**25396**	**11901**
8)	**84655**	**33243**	**30958**	**25772**
9)	**30043**	**64758**	**92353**	**69839**
10)	**61296**	**77624**	**51169**	**28811**

Name ________________ Date ___________________

Score ___________________

Underline the largest number from the numbers given below

1)	**20239**	**62550**	**26863**	**78966**
2)	**88707**	**63616**	**69294**	**30360**
3)	**40206**	**62685**	**72495**	**62644**
4)	**88060**	**16790**	**20032**	**80759**
5)	**43990**	**10668**	**75360**	**77838**
6)	**13433**	**66920**	**16725**	**93403**
7)	**81014**	**22802**	**41034**	**58846**
8)	**92287**	**88630**	**62764**	**83564**
9)	**97681**	**96362**	**17102**	**33528**
10)	**77436**	**87546**	**80164**	**93571**

Name ________________ Date ___________________

Score ___________________

Underline the largest number from the numbers given below

1)	**81676**	**81907**	**33680**	**90452**
2)	**55736**	**47479**	**81396**	**71984**
3)	**30884**	**58812**	**39246**	**71077**
4)	**96496**	**49806**	**69974**	**71952**
5)	**97109**	**60408**	**19909**	**62159**
6)	**80370**	**71978**	**98616**	**97584**
7)	**94691**	**79207**	**75120**	**45260**
8)	**22636**	**73711**	**75785**	**93362**
9)	**73781**	**71283**	**40428**	**23243**
10)	**61563**	**75330**	**43344**	**96241**

Name ________________ Date __________________

Score ___________________

Underline the largest number from the numbers given below

1)	**72760**	**65613**	**92424**	**14102**
2)	**38360**	**32856**	**49766**	**49898**
3)	**88746**	**45791**	**78424**	**90193**
4)	**46807**	**28562**	**27274**	**35896**
5)	**33806**	**69632**	**90187**	**21691**
6)	**27572**	**66029**	**71315**	**20946**
7)	**18705**	**77125**	**63593**	**70414**
8)	**68997**	**19891**	**66617**	**98093**
9)	**85526**	**28170**	**23488**	**13269**
10)	**79763**	**64664**	**48626**	**35626**

Name ________________ Date ___________________

Score ___________________

Underline the largest number from the numbers given below

1)	**16470**	**10487**	**63355**	**20124**
2)	**64594**	**47527**	**89150**	**47126**
3)	**68325**	**92720**	**87541**	**69210**
4)	**87384**	**20682**	**56856**	**26087**
5)	**91385**	**75416**	**28475**	**29502**
6)	**89424**	**22876**	**86790**	**12980**
7)	**34374**	**43370**	**78253**	**29425**
8)	**53002**	**50018**	**45063**	**16570**
9)	**32079**	**83522**	**19534**	**50759**
10)	**84450**	**89900**	**28670**	**39905**

Name ________________ Date ___________________

Score ___________________

Underline the largest number from the numbers given below

1)	**53512**	**76369**	**51017**	**72875**
2)	**41478**	**57960**	**11047**	**56315**
3)	**42425**	**19259**	**73308**	**71709**
4)	**54670**	**90120**	**41541**	**87281**
5)	**38600**	**70488**	**20813**	**20094**
6)	**93132**	**84747**	**55385**	**46214**
7)	**19176**	**46427**	**11029**	**33544**
8)	**17988**	**96640**	**63096**	**72366**
9)	**92334**	**25342**	**84943**	**89153**
10)	**26212**	**74065**	**43539**	**76783**

Name ________________ Date ____________________

Score ___________________

Underline the largest number from the numbers given below

1)	**99416**	**73800**	**28533**	**93663**
2)	**52686**	**35180**	**75440**	**72261**
3)	**28446**	**94718**	**77176**	**16817**
4)	**99091**	**58494**	**29269**	**17664**
5)	**35559**	**47966**	**73694**	**20027**
6)	**17095**	**13830**	**52569**	**73109**
7)	**77396**	**78939**	**76894**	**64764**
8)	**28562**	**19602**	**77431**	**15521**
9)	**92251**	**60200**	**63009**	**83974**
10)	**66431**	**68667**	**65761**	**78469**

Name ________________ Date __________________

Score ___________________

Underline the largest number from the numbers given below

1)	**46592**	**33158**	**56784**	**44477**
2)	**19831**	**46919**	**58552**	**14822**
3)	**71529**	**38149**	**67415**	**36574**
4)	**64527**	**97137**	**29928**	**36807**
5)	**83152**	**42713**	**70973**	**84305**
6)	**22777**	**17239**	**29221**	**27157**
7)	**79508**	**48864**	**17033**	**76965**
8)	**51638**	**43354**	**96221**	**80242**
9)	**78333**	**39771**	**57071**	**86440**
10)	**75036**	**24414**	**58309**	**90477**

Name ________________ Date ___________________

Score ___________________

Underline the largest number from the numbers given below

1) 75929 28462 58004 51236

2) 90027 74254 94650 95759

3) 74047 59014 85341 62566

4) 68450 82607 17807 81829

5) 17267 24362 97928 74603

6) 59743 36281 76194 34370

7) 71698 89844 29934 64269

8) 29846 68049 46772 72830

9) 23056 92790 90575 83151

10) 19177 52281 38647 28332

Name ________________ Date __________________

Score ___________________

Underline the largest number from the numbers given below

1)	**17509**	**78305**	**91148**	**52294**
2)	**74494**	**30291**	**89299**	**82430**
3)	**33266**	**13247**	**93039**	**29107**
4)	**82826**	**99463**	**24366**	**51794**
5)	**76746**	**94273**	**67439**	**12016**
6)	**38710**	**94888**	**28734**	**33428**
7)	**99263**	**80177**	**65790**	**69347**
8)	**18771**	**21221**	**82782**	**34458**
9)	**15903**	**10337**	**98470**	**58841**
10)	**19277**	**48996**	**69050**	**39621**

Name ______________ Date ________________

Score ________________

Underline the largest number from the numbers given below

1)	**53625**	**38592**	**71399**	**12772**
2)	**43838**	**87625**	**66280**	**34295**
3)	**84106**	**82431**	**84608**	**75706**
4)	**82933**	**40475**	**34314**	**15354**
5)	**18273**	**11558**	**94689**	**86128**
6)	**87034**	**66737**	**85413**	**56455**
7)	**85946**	**52292**	**23244**	**93895**
8)	**66471**	**83527**	**40307**	**37913**
9)	**86635**	**52515**	**86199**	**20380**
10)	**80329**	**39036**	**76288**	**31400**

Name ________________ Date ___________________

Score ___________________

Underline the largest number from the numbers given below

1)	**16819**	**56553**	**53437**	**48509**
2)	**22906**	**21431**	**55547**	**88975**
3)	**26664**	**48924**	**56867**	**92613**
4)	**36505**	**89187**	**94674**	**46465**
5)	**30499**	**58061**	**99680**	**70327**
6)	**25612**	**18286**	**85296**	**44396**
7)	**48887**	**65991**	**41960**	**28979**
8)	**68376**	**72241**	**38624**	**73057**
9)	**96325**	**44910**	**54530**	**24425**
10)	**83613**	**84975**	**63268**	**18831**

Name ________________ Date ___________________

Score ___________________

Underline the largest number from the numbers given below

1) 87447 62197 24791 16414

2) 59034 53097 25595 41933

3) 53636 67782 17954 92798

4) 35321 35235 84938 38069

5) 30942 90694 54038 13918

6) 88101 57759 83488 14105

7) 78018 10577 97944 50887

8) 33853 98725 30839 90874

9) 24976 12600 76796 46312

10) 62743 85293 25255 67484

Name ________________ Date ___________________

Score ___________________

Underline the largest number from the numbers given below

1)	**53621**	**93028**	**35668**	**68930**
2)	**74085**	**34834**	**47085**	**81082**
3)	**29491**	**90219**	**73513**	**67467**
4)	**19300**	**66872**	**50665**	**72095**
5)	**35343**	**75499**	**98973**	**34090**
6)	**20892**	**73673**	**80476**	**75270**
7)	**53094**	**19690**	**58442**	**61599**
8)	**41146**	**49930**	**27112**	**19532**
9)	**81455**	**60401**	**18712**	**58148**
10)	**55916**	**19339**	**67153**	**67791**

Name ________________ Date ___________________

Score ___________________

Underline the largest number from the numbers given below

1)	**90800**	**32841**	**71276**	**19712**
2)	**33000**	**36253**	**23636**	**57007**
3)	**14008**	**95006**	**30336**	**78162**
4)	**78340**	**83984**	**73380**	**66360**
5)	**94154**	**55540**	**10494**	**82075**
6)	**13222**	**87656**	**21734**	**47878**
7)	**31973**	**29870**	**76707**	**30659**
8)	**22735**	**92717**	**58146**	**26867**
9)	**25936**	**41750**	**79687**	**30429**
10)	**42705**	**52269**	**75588**	**52756**

Name ________________ Date ___________________

Score ___________________

Underline the largest number from the numbers given below

1)	**52685**	**37133**	**13609**	**32102**
2)	**33099**	**97742**	**65057**	**99435**
3)	**58762**	**47604**	**16909**	**41967**
4)	**78484**	**31145**	**98390**	**24464**
5)	**10983**	**93994**	**77169**	**70754**
6)	**28440**	**81463**	**68229**	**89853**
7)	**21686**	**45091**	**17743**	**68198**
8)	**43320**	**45288**	**15918**	**79751**
9)	**24874**	**75376**	**38633**	**87011**
10)	**55590**	**94158**	**97793**	**40415**

Name ________________ Date ___________________

Score ___________________

Underline the largest number from the numbers given below

1)	**21796**	**14210**	**48905**	**48921**
2)	**20904**	**82025**	**94924**	**34746**
3)	**58086**	**20502**	**18421**	**98293**
4)	**63741**	**94322**	**32658**	**16905**
5)	**51863**	**95271**	**70684**	**39260**
6)	**67931**	**66777**	**30754**	**72729**
7)	**36677**	**35958**	**39947**	**46963**
8)	**40691**	**50718**	**92618**	**93310**
9)	**65925**	**79940**	**91803**	**39707**
10)	**43960**	**57318**	**86190**	**55843**

Name ________________ Date ___________________

Score ___________________

Underline the largest number from the numbers given below

1)	**27964**	**35922**	**45620**	**52190**
2)	**37496**	**55846**	**42076**	**22905**
3)	**65586**	**19154**	**38301**	**10938**
4)	**79808**	**18820**	**60386**	**26465**
5)	**82544**	**51567**	**99052**	**68762**
6)	**72031**	**57338**	**48738**	**10277**
7)	**37073**	**81307**	**96900**	**27246**
8)	**55731**	**68934**	**84289**	**24787**
9)	**23975**	**43014**	**74019**	**34399**
10)	**57397**	**75645**	**53227**	**34755**

Name ________________ Date ___________________

Score ___________________

Underline the largest number from the numbers given below

1)	**62194**	**44833**	**14495**	**39038**
2)	**60672**	**30996**	**32578**	**69805**
3)	**34206**	**33749**	**80787**	**74503**
4)	**33507**	**82298**	**54327**	**14362**
5)	**89112**	**53800**	**38069**	**76058**
6)	**42090**	**23776**	**29352**	**82683**
7)	**71040**	**77970**	**91763**	**39174**
8)	**26852**	**91923**	**96876**	**25095**
9)	**32987**	**31695**	**19574**	**37015**
10)	**82452**	**85259**	**83937**	**30864**

Name ______________ **Date** ________________

Score ________________

Underline the largest number from the numbers given below

1)	**63654**	**99689**	**22635**	**36667**
2)	**37910**	**48862**	**77149**	**98741**
3)	**49642**	**33810**	**87984**	**27477**
4)	**98520**	**37627**	**78278**	**62300**
5)	**56653**	**81076**	**39782**	**77198**
6)	**74875**	**72311**	**28398**	**80267**
7)	**49455**	**30482**	**30377**	**27646**
8)	**55871**	**38694**	**49768**	**85683**
9)	**27262**	**68389**	**85713**	**47344**
10)	**94439**	**43812**	**34185**	**95013**

Name ________________ Date ___________________

Score ___________________

Underline the largest number from the numbers given below

1)	**54827**	**31266**	**11125**	**33294**
2)	**36948**	**57760**	**95167**	**65049**
3)	**75154**	**68596**	**35943**	**66412**
4)	**92295**	**84585**	**74965**	**91805**
5)	**56115**	**70596**	**48338**	**41578**
6)	**43555**	**44967**	**27830**	**77947**
7)	**89751**	**28029**	**12460**	**73203**
8)	**74337**	**79245**	**11184**	**40942**
9)	**12109**	**71837**	**35901**	**31226**
10)	**16638**	**35835**	**22069**	**84409**

Name ________________ Date __________________

Score ___________________

Underline the largest number from the numbers given below

1)	**79763**	**50887**	**20603**	**51076**
2)	**64613**	**94873**	**85229**	**13052**
3)	**11961**	**35589**	**15437**	**81452**
4)	**19781**	**66338**	**57653**	**26221**
5)	**65764**	**45343**	**94265**	**65360**
6)	**59123**	**85948**	**87822**	**12589**
7)	**85494**	**41161**	**96358**	**22881**
8)	**24858**	**67320**	**29797**	**96541**
9)	**31861**	**37101**	**75282**	**99351**
10)	**59303**	**49670**	**76539**	**61600**

Name ________________ Date ___________________

Score ___________________

Underline the largest number from the numbers given below

1)	**12046**	**13126**	**65549**	**48546**
2)	**52416**	**67487**	**15851**	**25470**
3)	**85134**	**34531**	**22707**	**79785**
4)	**96008**	**49449**	**17933**	**53820**
5)	**75268**	**22168**	**70942**	**12853**
6)	**24518**	**64236**	**57794**	**16548**
7)	**12943**	**72732**	**12966**	**54611**
8)	**76994**	**58127**	**31155**	**46656**
9)	**90471**	**32184**	**11017**	**23462**
10)	**47014**	**14160**	**10628**	**99693**

Name ________________ Date __________________

Score __________________

Underline the largest number from the numbers given below

1)	**85602**	**83898**	**22745**	**98760**
2)	**37460**	**13019**	**12717**	**88384**
3)	**28799**	**36660**	**51339**	**42678**
4)	**16542**	**32559**	**19447**	**57662**
5)	**38022**	**29579**	**25671**	**17475**
6)	**42913**	**79650**	**90278**	**86374**
7)	**20875**	**31830**	**80449**	**62163**
8)	**83204**	**99856**	**78185**	**41428**
9)	**32674**	**46522**	**32071**	**35211**
10)	**99401**	**79535**	**74975**	**95792**

Name ________________ Date ___________________

Score ___________________

Underline the largest number from the numbers given below

1)	**23210**	**15487**	**42420**	**41268**
2)	**78833**	**67825**	**66646**	**66606**
3)	**21292**	**84746**	**82348**	**13016**
4)	**50354**	**81654**	**41546**	**57518**
5)	**22799**	**36640**	**10952**	**21108**
6)	**14288**	**33027**	**68278**	**37575**
7)	**76122**	**93691**	**70320**	**99937**
8)	**55698**	**54995**	**27903**	**41290**
9)	**61500**	**12352**	**49458**	**93138**
10)	**23586**	**54022**	**15533**	**16392**

Name ________________ Date __________________

Score ___________________

Underline the largest number from the numbers given below

1)	**20411**	**91166**	**94587**	**84517**
2)	**63028**	**53907**	**18142**	**45111**
3)	**45537**	**91536**	**29401**	**27916**
4)	**36527**	**24060**	**10859**	**45056**
5)	**37741**	**49574**	**52798**	**23795**
6)	**66987**	**53688**	**80638**	**52431**
7)	**74576**	**12680**	**98288**	**96689**
8)	**47393**	**65928**	**92639**	**39915**
9)	**86521**	**16543**	**20252**	**93812**
10)	**86727**	**40554**	**82208**	**39035**

Name ________________ Date ___________________

Score ___________________

Underline the largest number from the numbers given below

1)	**82972**	**75885**	**74194**	**71544**
2)	**50035**	**96536**	**26873**	**76027**
3)	**43797**	**35905**	**32418**	**21747**
4)	**97809**	**22391**	**64095**	**72809**
5)	**96017**	**24586**	**12047**	**91829**
6)	**46040**	**33569**	**36200**	**55465**
7)	**27077**	**26283**	**96308**	**46518**
8)	**65531**	**70820**	**52290**	**98613**
9)	**62074**	**13501**	**88490**	**48450**
10)	**37120**	**15320**	**96638**	**88212**

Name ________________ Date ___________________

Score ___________________

Underline the largest number from the numbers given below

1)	**77291**	**21152**	**65881**	**51590**
2)	**27182**	**19842**	**50998**	**67277**
3)	**28699**	**77016**	**79789**	**36907**
4)	**68539**	**30289**	**73502**	**12397**
5)	**70117**	**94606**	**22824**	**72288**
6)	**39975**	**28147**	**68425**	**82818**
7)	**89244**	**32087**	**75660**	**67014**
8)	**79247**	**32799**	**18544**	**62312**
9)	**68381**	**43721**	**73439**	**51317**
10)	**93597**	**27890**	**24938**	**26392**

Name ________________ Date ___________________

Score ___________________

Underline the largest number from the numbers given below

1)	**10460**	**66601**	**86410**	**73187**
2)	**42632**	**17687**	**92948**	**64007**
3)	**87925**	**72453**	**69578**	**28824**
4)	**84061**	**11705**	**90332**	**89167**
5)	**51796**	**57531**	**87051**	**23678**
6)	**69388**	**76479**	**51131**	**60857**
7)	**72615**	**83044**	**85380**	**67439**
8)	**61477**	**36289**	**91843**	**52329**
9)	**21793**	**60658**	**47220**	**36611**
10)	**79694**	**98333**	**60566**	**50220**

Name ________________ Date __________________

Score ___________________

Underline the largest number from the numbers given below

1)	**43229**	**44788**	**77802**	**15674**
2)	**53186**	**65170**	**80964**	**46906**
3)	**38900**	**75693**	**46470**	**30245**
4)	**88986**	**87626**	**83614**	**37928**
5)	**17925**	**82266**	**14034**	**13576**
6)	**59573**	**23597**	**42359**	**16378**
7)	**45587**	**70302**	**69049**	**57183**
8)	**79627**	**75474**	**78350**	**96112**
9)	**37142**	**61494**	**46844**	**70576**
10)	**60990**	**78399**	**34817**	**54300**

Name ________________ Date ___________________

Score ___________________

Underline the largest number from the numbers given below

1)	**92123**	**72273**	**58891**	**80776**
2)	**59294**	**25876**	**11669**	**17099**
3)	**90021**	**24960**	**23317**	**23891**
4)	**10124**	**98134**	**32414**	**25673**
5)	**66015**	**23082**	**79726**	**71798**
6)	**16007**	**70323**	**29330**	**16938**
7)	**98670**	**69686**	**50156**	**12634**
8)	**40279**	**33028**	**49650**	**20737**
9)	**51614**	**72758**	**18424**	**39357**
10)	**26485**	**19219**	**82740**	**97971**

Name ________________ Date ___________________

Score ___________________

Underline the largest number from the numbers given below

1)	**58621**	**51277**	**20651**	**65063**
2)	**27472**	**61878**	**83044**	**65049**
3)	**69241**	**24961**	**57992**	**13514**
4)	**20687**	**10274**	**27050**	**37139**
5)	**28883**	**48054**	**55258**	**36897**
6)	**66158**	**98426**	**54467**	**77628**
7)	**28161**	**20977**	**75688**	**39205**
8)	**98168**	**62993**	**30797**	**64024**
9)	**39894**	**22491**	**14645**	**88785**
10)	**62341**	**54005**	**67575**	**38622**

Name ________________ Date ___________________

Score ___________________

Underline the largest number from the numbers given below

1)	**67886**	**98997**	**11818**	**54389**
2)	**12924**	**67835**	**48692**	**31841**
3)	**90867**	**84792**	**91308**	**41673**
4)	**45288**	**56010**	**14051**	**57855**
5)	**58423**	**32845**	**70635**	**74204**
6)	**96473**	**37079**	**95214**	**40004**
7)	**85846**	**96977**	**45911**	**92359**
8)	**36753**	**78695**	**55050**	**37355**
9)	**80517**	**32147**	**67997**	**17368**
10)	**96940**	**65739**	**28501**	**60340**

Name ________________ Date __________________

Score ___________________

Underline the largest number from the numbers given below

1)	**99074**	**80839**	**47776**	**18398**
2)	**81062**	**78026**	**75396**	**54277**
3)	**10836**	**94783**	**45248**	**48299**
4)	**84305**	**66850**	**58980**	**76364**
5)	**53608**	**49654**	**69146**	**35854**
6)	**78729**	**59695**	**32266**	**90878**
7)	**53617**	**20968**	**28250**	**89072**
8)	**22349**	**11941**	**80696**	**98025**
9)	**13311**	**94120**	**83104**	**83969**
10)	**27728**	**19157**	**36985**	**27058**

Name ________________ Date ___________________

Score ___________________

Underline the largest number from the numbers given below

1)	**69341**	**99766**	**95120**	**91600**
2)	**78973**	**77958**	**87614**	**65102**
3)	**18707**	**92746**	**91238**	**76829**
4)	**16046**	**81174**	**13938**	**91176**
5)	**52474**	**87833**	**72045**	**48678**
6)	**30859**	**90643**	**64902**	**79675**
7)	**17612**	**45186**	**77095**	**44946**
8)	**99739**	**43007**	**71033**	**61472**
9)	**99728**	**86129**	**20857**	**80045**
10)	**92513**	**52777**	**40793**	**97680**

Name ________________ Date __________________

Score ___________________

Underline the largest number from the numbers given below

1)	**35517**	**57065**	**15868**	**96942**
2)	**50350**	**88398**	**10345**	**37858**
3)	**14186**	**45184**	**79632**	**31199**
4)	**25710**	**56741**	**59245**	**48551**
5)	**41272**	**70433**	**62085**	**49067**
6)	**72623**	**95945**	**89197**	**32769**
7)	**31308**	**85451**	**22963**	**53569**
8)	**78249**	**18651**	**83433**	**32432**
9)	**61722**	**32878**	**54177**	**24010**
10)	**92414**	**54215**	**60913**	**46287**

Name ________________ Date ___________________

Score ___________________

Underline the largest number from the numbers given below

1)	**53411**	**93064**	**53129**	**70885**
2)	**14881**	**27557**	**22888**	**10900**
3)	**33259**	**16051**	**20574**	**54069**
4)	**85418**	**95524**	**74074**	**16414**
5)	**17126**	**71896**	**95011**	**78884**
6)	**17489**	**87304**	**71315**	**51527**
7)	**65132**	**19193**	**30218**	**87046**
8)	**41961**	**60446**	**33942**	**82582**
9)	**58100**	**65201**	**20687**	**79319**
10)	**63304**	**45363**	**12094**	**29418**

Name ________________ Date ___________________

Score ___________________

Underline the largest number from the numbers given below

1)	**89010**	**95656**	**64505**	**71272**
2)	**41978**	**29133**	**63603**	**41533**
3)	**99335**	**24973**	**33622**	**92613**
4)	**54892**	**51363**	**91201**	**64962**
5)	**28512**	**46108**	**16494**	**48259**
6)	**63806**	**96288**	**52474**	**98016**
7)	**37545**	**29484**	**26085**	**77289**
8)	**14625**	**33768**	**83690**	**85470**
9)	**43030**	**76930**	**72693**	**63145**
10)	**10104**	**51434**	**81758**	**31600**

Name ________________ Date ___________________

Score ___________________

Underline the largest number from the numbers given below

1)	**95979**	**48259**	**21544**	**46049**
2)	**55295**	**46105**	**22275**	**38126**
3)	**29703**	**43404**	**18631**	**42203**
4)	**17762**	**44676**	**67849**	**13153**
5)	**54043**	**61330**	**85464**	**74584**
6)	**41233**	**38743**	**97123**	**92125**
7)	**21405**	**77533**	**22339**	**52844**
8)	**15144**	**10759**	**41945**	**40873**
9)	**28524**	**79119**	**76142**	**28708**
10)	**93049**	**70842**	**87112**	**13994**

Name ________________ Date ___________________

Score ___________________

Underline the largest number from the numbers given below

1)	**50109**	**94912**	**93400**	**28029**
2)	**34652**	**57021**	**72734**	**53365**
3)	**61407**	**91240**	**17119**	**93721**
4)	**45462**	**95221**	**78416**	**89706**
5)	**40854**	**61455**	**17156**	**74010**
6)	**30512**	**78335**	**17896**	**55698**
7)	**37785**	**70749**	**40903**	**68220**
8)	**65993**	**47201**	**46960**	**15933**
9)	**22543**	**66557**	**94876**	**58561**
10)	**41537**	**55778**	**19174**	**27361**

Name _______________ Date __________________

Score __________________

Underline the largest number from the numbers given below

1)	**40124**	**43760**	**66106**	**31028**
2)	**40994**	**30559**	**53457**	**49576**
3)	**17889**	**81867**	**68599**	**47264**
4)	**26849**	**56471**	**38674**	**79247**
5)	**95655**	**68123**	**30381**	**90611**
6)	**80038**	**99005**	**98536**	**30230**
7)	**91480**	**47382**	**50572**	**10974**
8)	**27954**	**50972**	**47405**	**43718**
9)	**79929**	**37092**	**34829**	**18091**
10)	**12101**	**18952**	**23869**	**83869**

Name ________________ **Date** ___________________

Score ___________________

Underline the largest number from the numbers given below

1)	**46912**	**56077**	**37377**	**32457**
2)	**47711**	**84817**	**42049**	**62069**
3)	**30153**	**19762**	**19976**	**68421**
4)	**94134**	**70613**	**71429**	**72762**
5)	**40505**	**43911**	**38316**	**92761**
6)	**91018**	**52286**	**12502**	**68122**
7)	**23309**	**36977**	**10647**	**27526**
8)	**14499**	**84757**	**12289**	**70316**
9)	**64620**	**74942**	**28209**	**83134**
10)	**96155**	**77847**	**98321**	**83444**

Name ________________ Date ___________________

Score ___________________

Underline the largest number from the numbers given below

1)	**61148**	**29957**	**58684**	**46725**
2)	**48593**	**21823**	**31317**	**61911**
3)	**48654**	**63244**	**34400**	**40953**
4)	**66035**	**63249**	**25021**	**78627**
5)	**98908**	**63482**	**41465**	**80107**
6)	**87293**	**75130**	**40781**	**48153**
7)	**24532**	**66175**	**62754**	**99902**
8)	**54740**	**33321**	**23106**	**38114**
9)	**47885**	**25894**	**98658**	**95391**
10)	**22085**	**45483**	**12044**	**54047**

Name ________________ Date __________________

Score ___________________

Underline the largest number from the numbers given below

1)	**91917**	**59423**	**33506**	**25093**
2)	**17425**	**77834**	**12390**	**66114**
3)	**63586**	**23076**	**96005**	**80395**
4)	**82304**	**70464**	**33945**	**54208**
5)	**83493**	**76383**	**76830**	**86060**
6)	**69547**	**77661**	**43461**	**59655**
7)	**48543**	**77269**	**13593**	**85916**
8)	**98957**	**64472**	**66191**	**42520**
9)	**65195**	**64767**	**70182**	**10809**
10)	**57802**	**91171**	**49601**	**14118**

Name ________________ Date ___________________

Score ___________________

Underline the largest number from the numbers given below

1)	**50457**	**63225**	**77092**	**25673**
2)	**14150**	**80528**	**69429**	**77257**
3)	**52601**	**53616**	**42887**	**22021**
4)	**62100**	**85335**	**79469**	**77760**
5)	**29456**	**21713**	**62240**	**36440**
6)	**58683**	**17318**	**23850**	**63386**
7)	**43780**	**50224**	**45453**	**91678**
8)	**53225**	**12774**	**19138**	**65189**
9)	**47428**	**89431**	**35203**	**74872**
10)	**90633**	**95919**	**38276**	**18610**

Name ________________ Date __________________

Score ___________________

Underline the largest number from the numbers given below

1) 38742 35951 32811 64530

2) 39965 66299 64223 29051

3) 34161 70336 29031 53727

4) 17666 87109 26398 33623

5) 60981 94325 79018 15124

6) 61080 27217 65834 21565

7) 46704 35863 39835 62573

8) 12823 81871 90756 84714

9) 24877 59072 44698 62508

10) 81777 44014 71356 70481

Name ________________ Date ___________________

Score ___________________

Underline the largest number from the numbers given below

1)	**13027**	**83645**	**17716**	**30813**
2)	**51918**	**35032**	**97429**	**41778**
3)	**68560**	**86102**	**74206**	**76133**
4)	**87213**	**47244**	**61076**	**92050**
5)	**96610**	**43762**	**78472**	**16460**
6)	**84582**	**12680**	**30130**	**74980**
7)	**55795**	**63278**	**55805**	**39653**
8)	**55167**	**50539**	**45401**	**92469**
9)	**79531**	**52075**	**88649**	**12609**
10)	**34752**	**16071**	**91161**	**71523**

Name ________________ Date ___________________

Score ___________________

Underline the largest number from the numbers given below

1)	**84953**	**54396**	**53440**	**53287**
2)	**62205**	**12280**	**81309**	**67952**
3)	**93127**	**90743**	**94068**	**34597**
4)	**63953**	**72353**	**51416**	**54269**
5)	**71440**	**30775**	**27208**	**70714**
6)	**46629**	**98308**	**15881**	**89060**
7)	**94721**	**66159**	**97006**	**57319**
8)	**42883**	**21486**	**57987**	**18323**
9)	**65964**	**24370**	**32048**	**58494**
10)	**86725**	**16029**	**30282**	**10159**

Name ________________ Date ___________________

Score ___________________

Underline the largest number from the numbers given below

1)	**54503**	**67635**	**25554**	**44018**
2)	**62065**	**52165**	**43285**	**37158**
3)	**13810**	**81254**	**17638**	**91419**
4)	**66763**	**48085**	**44976**	**11672**
5)	**57055**	**24419**	**17973**	**44067**
6)	**91520**	**10287**	**25731**	**88363**
7)	**39153**	**56317**	**53654**	**50218**
8)	**30459**	**82932**	**79308**	**87266**
9)	**53719**	**22375**	**80502**	**59425**
10)	**16954**	**17729**	**65040**	**24714**

Name ________________ Date ___________________

Score ___________________

Underline the largest number from the numbers given below

1)	**11411**	**40258**	**11348**	**51149**
2)	**38579**	**74075**	**66115**	**54321**
3)	**28967**	**41239**	**20532**	**84271**
4)	**42677**	**11401**	**67206**	**81794**
5)	**87480**	**66733**	**65425**	**56922**
6)	**53990**	**55133**	**72371**	**22876**
7)	**76934**	**77342**	**58359**	**36199**
8)	**51347**	**37796**	**65139**	**13376**
9)	**88195**	**45677**	**35170**	**34633**
10)	**48627**	**89668**	**55209**	**81933**

Name ________________ Date ___________________

Score ___________________

Underline the largest number from the numbers given below

1)	**79068**	**62838**	**15105**	**34226**
2)	**40416**	**42453**	**10862**	**24675**
3)	**83270**	**65772**	**30868**	**91213**
4)	**61092**	**67475**	**83610**	**49740**
5)	**88133**	**10382**	**42031**	**52905**
6)	**32583**	**67836**	**39999**	**21322**
7)	**77777**	**21069**	**55150**	**12628**
8)	**33161**	**53433**	**56306**	**79970**
9)	**57037**	**39412**	**31387**	**86634**
10)	**91895**	**25882**	**73074**	**77685**

Name ________________ Date ___________________

Score ___________________

Underline the largest number from the numbers given below

1)	**88854**	**59645**	**95572**	**69818**
2)	**37295**	**74823**	**70867**	**32109**
3)	**92816**	**39292**	**69631**	**30540**
4)	**21991**	**30742**	**84500**	**30224**
5)	**16118**	**91461**	**84332**	**16205**
6)	**78723**	**55221**	**89318**	**71966**
7)	**71049**	**13335**	**46793**	**29500**
8)	**30330**	**77107**	**97291**	**13339**
9)	**63638**	**34475**	**70848**	**13093**
10)	**28647**	**25611**	**81831**	**85399**

Name ________________ Date ___________________

Score ___________________

Underline the largest number from the numbers given below

1)	**91347**	**20787**	**70968**	**99466**
2)	**42244**	**54263**	**12655**	**45806**
3)	**39873**	**23396**	**78290**	**17803**
4)	**69728**	**56050**	**24147**	**88054**
5)	**22096**	**64845**	**24784**	**85556**
6)	**42532**	**77861**	**36655**	**42161**
7)	**44251**	**43289**	**23317**	**26752**
8)	**56544**	**10316**	**20272**	**16888**
9)	**50681**	**66197**	**42987**	**97022**
10)	**13148**	**86449**	**99596**	**33219**

Name ________________ Date __________________

Score ___________________

Underline the largest number from the numbers given below

1)	**57385**	**92869**	**92279**	**21133**
2)	**83192**	**78174**	**54339**	**49285**
3)	**21974**	**35727**	**96275**	**97573**
4)	**92565**	**77287**	**43239**	**58527**
5)	**71902**	**38259**	**47218**	**32160**
6)	**11566**	**82750**	**26625**	**87893**
7)	**93765**	**34376**	**94364**	**86906**
8)	**49316**	**39915**	**68518**	**33835**
9)	**40008**	**85142**	**55293**	**28000**
10)	**95986**	**95845**	**93636**	**80822**

Name ________________ Date ___________________

Score ___________________

Underline the largest number from the numbers given below

1)	**25317**	**16188**	**45918**	**68441**
2)	**20799**	**92857**	**53786**	**94274**
3)	**79274**	**98689**	**88292**	**28037**
4)	**56886**	**25383**	**70449**	**48520**
5)	**98241**	**52735**	**63120**	**70260**
6)	**68360**	**54237**	**44581**	**13583**
7)	**41735**	**61610**	**19057**	**27150**
8)	**48174**	**31221**	**83258**	**53077**
9)	**73283**	**83973**	**19463**	**51002**
10)	**23745**	**99778**	**38372**	**32882**

Name ________________ Date ___________________

Score ___________________

Underline the largest number from the numbers given below

1)	**12805**	**53864**	**62403**	**51179**
2)	**36375**	**35480**	**22704**	**96514**
3)	**19363**	**93697**	**38949**	**84652**
4)	**57490**	**70646**	**67173**	**26550**
5)	**71160**	**52299**	**26771**	**21341**
6)	**29778**	**28439**	**43684**	**32720**
7)	**83101**	**31145**	**86517**	**13277**
8)	**60942**	**88200**	**85596**	**12523**
9)	**27332**	**97126**	**56911**	**90202**
10)	**18392**	**74236**	**70394**	**59955**

Name ________________ Date ___________________

Score ___________________

Underline the largest number from the numbers given below

1)	**45113**	**49618**	**49806**	**72049**
2)	**76575**	**86319**	**79567**	**99863**
3)	**48708**	**72444**	**62330**	**34475**
4)	**76351**	**59578**	**18419**	**91453**
5)	**70745**	**93381**	**19413**	**47858**
6)	**84456**	**91492**	**57402**	**57132**
7)	**88415**	**98576**	**61576**	**94707**
8)	**99564**	**39320**	**92761**	**12593**
9)	**42593**	**51553**	**67682**	**50806**
10)	**43460**	**88208**	**55214**	**75288**

Name ________________ Date ___________________

Score ___________________

Underline the largest number from the numbers given below

1)	**89212**	**53334**	**79159**	**89188**
2)	**73142**	**49271**	**98000**	**37953**
3)	**29444**	**24184**	**40976**	**81424**
4)	**79087**	**11469**	**15750**	**97001**
5)	**76135**	**18884**	**71302**	**59864**
6)	**27479**	**47819**	**14692**	**52592**
7)	**38849**	**85172**	**25809**	**88855**
8)	**11497**	**30627**	**53454**	**56272**
9)	**41789**	**53959**	**44155**	**20142**
10)	**51374**	**89836**	**35103**	**14025**

Name ________________ Date ___________________

Score ___________________

Underline the largest number from the numbers given below

1)	**62615**	**19535**	**47194**	**14902**
2)	**59479**	**15865**	**48547**	**11380**
3)	**61033**	**14841**	**77340**	**90834**
4)	**40060**	**44359**	**84401**	**39183**
5)	**26068**	**84882**	**97960**	**90069**
6)	**12865**	**59981**	**23260**	**12359**
7)	**61595**	**71505**	**66053**	**76839**
8)	**81034**	**64117**	**71463**	**33005**
9)	**15905**	**89344**	**80739**	**13934**
10)	**13830**	**14521**	**92875**	**45201**

Name ________________ Date ___________________

Score ___________________

Underline the largest number from the numbers given below

1)	**86769**	**40109**	**14466**	**50330**
2)	**59582**	**13442**	**59249**	**59656**
3)	**66577**	**34199**	**20231**	**43571**
4)	**48029**	**43324**	**60685**	**87298**
5)	**41949**	**79503**	**85262**	**72685**
6)	**97931**	**89342**	**87228**	**36550**
7)	**21993**	**66691**	**48312**	**54709**
8)	**75860**	**49470**	**98009**	**76451**
9)	**38923**	**86302**	**99645**	**35628**
10)	**10557**	**92214**	**58744**	**23838**

Name ________________ Date ___________________

Score ___________________

Underline the largest number from the numbers given below

1)	**90478**	**26971**	**87102**	**32432**
2)	**82543**	**24398**	**89158**	**15478**
3)	**18745**	**88616**	**97860**	**84000**
4)	**36343**	**35813**	**20978**	**25943**
5)	**65923**	**66642**	**30182**	**56200**
6)	**48088**	**19472**	**42975**	**23468**
7)	**94554**	**99459**	**84847**	**24764**
8)	**74638**	**83750**	**70731**	**16818**
9)	**24221**	**12094**	**22474**	**98525**
10)	**65618**	**51783**	**10918**	**32579**

Name ________________ Date ___________________

Score ___________________

Underline the largest number from the numbers given below

1)	**15853**	**62843**	**45804**	**44160**
2)	**39842**	**38210**	**64008**	**26874**
3)	**23257**	**38683**	**85518**	**71782**
4)	**18627**	**98138**	**82453**	**64067**
5)	**50668**	**13384**	**58891**	**35118**
6)	**28461**	**44707**	**32695**	**16916**
7)	**52914**	**16934**	**79030**	**50434**
8)	**91508**	**81705**	**41866**	**42782**
9)	**18854**	**25571**	**58435**	**96286**
10)	**52302**	**27264**	**37567**	**44963**

Name ________________ Date ____________________

Score ___________________

Underline the largest number from the numbers given below

1)	**88157**	**93952**	**80400**	**58483**
2)	**18455**	**93330**	**42107**	**33359**
3)	**72989**	**98054**	**78718**	**33711**
4)	**38174**	**32215**	**90313**	**23300**
5)	**80569**	**44706**	**65909**	**42495**
6)	**30167**	**45882**	**72559**	**32264**
7)	**98940**	**93673**	**73261**	**95910**
8)	**53773**	**92234**	**88182**	**53171**
9)	**18967**	**42912**	**61961**	**12420**
10)	**66485**	**52404**	**54965**	**86517**

Name ________________ Date ___________________

Score ___________________

Underline the largest number from the numbers given below

1)	**73926**	**99509**	**80009**	**73554**
2)	**83929**	**51224**	**69504**	**43755**
3)	**89778**	**96109**	**37503**	**48306**
4)	**27089**	**24446**	**50804**	**87612**
5)	**67057**	**86500**	**30004**	**46543**
6)	**81443**	**55833**	**71744**	**82873**
7)	**24882**	**64137**	**86498**	**17595**
8)	**60367**	**79337**	**29075**	**92440**
9)	**21071**	**42306**	**83164**	**69173**
10)	**52879**	**90167**	**13941**	**32921**

Name _______________ Date __________________

Score __________________

Underline the largest number from the numbers given below

1)	**97292**	**32476**	**73838**	**36712**
2)	**24638**	**42578**	**16428**	**36966**
3)	**11531**	**17478**	**21072**	**16959**
4)	**84290**	**10605**	**48579**	**19409**
5)	**97492**	**33822**	**39511**	**30146**
6)	**82328**	**93955**	**98600**	**70717**
7)	**65198**	**36360**	**44281**	**75965**
8)	**64654**	**20271**	**72406**	**61521**
9)	**32429**	**57154**	**81230**	**11798**
10)	**53612**	**35843**	**83236**	**76162**

Name ________________ Date ___________________

Score ___________________

Underline the largest number from the numbers given below

1)	**15000**	**30973**	**81411**	**56656**
2)	**84662**	**98902**	**12942**	**69357**
3)	**36535**	**72684**	**71281**	**52606**
4)	**34432**	**84315**	**54368**	**76883**
5)	**81640**	**57427**	**54993**	**39687**
6)	**53735**	**51774**	**98787**	**88360**
7)	**35752**	**36296**	**40421**	**99778**
8)	**51445**	**49286**	**28458**	**38922**
9)	**92069**	**22715**	**90458**	**94735**
10)	**65232**	**15215**	**13863**	**43031**

Name ________________ Date ___________________

Score ___________________

Underline the largest number from the numbers given below

1)	**67293**	**10444**	**35092**	**24943**
2)	**54721**	**15086**	**38118**	**89067**
3)	**74230**	**14265**	**84182**	**33962**
4)	**28925**	**51337**	**85436**	**66261**
5)	**77992**	**45980**	**18821**	**98152**
6)	**82718**	**79705**	**57226**	**88953**
7)	**97723**	**32770**	**48084**	**49786**
8)	**99397**	**37239**	**63663**	**86900**
9)	**71661**	**28142**	**56710**	**25914**
10)	**59913**	**49581**	**85096**	**29840**

Name ________________ Date ___________________

Score ___________________

Underline the largest number from the numbers given below

1)	**61295**	**27479**	**80360**	**39840**
2)	**58496**	**89609**	**78455**	**59768**
3)	**55820**	**81644**	**62338**	**59641**
4)	**42855**	**21117**	**80776**	**39789**
5)	**80586**	**79666**	**12042**	**12797**
6)	**30404**	**57746**	**35269**	**44765**
7)	**69320**	**38993**	**45962**	**27602**
8)	**53264**	**22796**	**66374**	**28524**
9)	**52272**	**41379**	**96018**	**74607**
10)	**94259**	**74963**	**77628**	**55667**

Name ________________ Date ___________________

Score ___________________

Underline the largest number from the numbers given below

1)	**27340**	**58087**	**46542**	**54870**
2)	**83297**	**66507**	**41652**	**31833**
3)	**18297**	**89340**	**17896**	**26618**
4)	**20029**	**56072**	**22220**	**29384**
5)	**39335**	**25555**	**89683**	**91581**
6)	**70954**	**11217**	**43376**	**15656**
7)	**94149**	**77961**	**40718**	**22515**
8)	**63638**	**37329**	**65276**	**46692**
9)	**95985**	**73587**	**44002**	**76653**
10)	**52449**	**41924**	**54074**	**76267**

Name ________________ Date ___________________

Score ___________________

Underline the largest number from the numbers given below

1)	**65512**	**42366**	**68933**	**20540**
2)	**18262**	**35605**	**76347**	**47465**
3)	**31242**	**50773**	**52492**	**33784**
4)	**28354**	**96984**	**18972**	**91488**
5)	**67953**	**32948**	**88170**	**66989**
6)	**96721**	**28170**	**49291**	**61527**
7)	**25124**	**34813**	**64340**	**42012**
8)	**62812**	**33415**	**43146**	**77715**
9)	**98341**	**89219**	**58885**	**81599**
10)	**83684**	**82433**	**48559**	**49871**

Name ________________ Date ___________________

Score ___________________

Underline the largest number from the numbers given below

1)	**39792**	**45580**	**22938**	**18816**
2)	**11274**	**50194**	**81077**	**45599**
3)	**20463**	**65030**	**68839**	**22527**
4)	**49856**	**18614**	**73161**	**16396**
5)	**47433**	**30061**	**12032**	**97486**
6)	**41412**	**63158**	**49382**	**44051**
7)	**89606**	**85351**	**14597**	**92360**
8)	**21343**	**52030**	**31634**	**84899**
9)	**39207**	**67743**	**29383**	**69726**
10)	**96494**	**23383**	**34788**	**92899**

Name ________________ **Date** __________________

Score ___________________

Underline the largest number from the numbers given below

1)	**96700**	**55770**	**65806**	**96661**
2)	**72461**	**87024**	**27886**	**87241**
3)	**64963**	**59431**	**94024**	**82383**
4)	**56191**	**28388**	**34442**	**11233**
5)	**78860**	**66382**	**13665**	**24268**
6)	**87058**	**71821**	**84936**	**52766**
7)	**62048**	**60266**	**37559**	**58909**
8)	**22647**	**77758**	**91202**	**30077**
9)	**20627**	**66440**	**49170**	**73182**
10)	**78643**	**72095**	**96627**	**36392**

Name ________________ Date ____________________

Score ___________________

Underline the largest number from the numbers given below

1)	**37502**	**59297**	**93719**	**80005**
2)	**32240**	**50701**	**35974**	**49298**
3)	**78753**	**32651**	**90807**	**59280**
4)	**20426**	**61263**	**17115**	**26596**
5)	**34720**	**81637**	**89888**	**25847**
6)	**33185**	**31465**	**40092**	**21343**
7)	**66018**	**92757**	**46404**	**61314**
8)	**29047**	**30067**	**61313**	**14483**
9)	**13028**	**40647**	**65930**	**94936**
10)	**20218**	**98869**	**69938**	**61286**

Name ________________ Date ___________________

Score ___________________

Underline the largest number from the numbers given below

1)	**15677**	**23055**	**65270**	**43735**
2)	**38362**	**66919**	**54139**	**14072**
3)	**49415**	**14177**	**83853**	**75591**
4)	**17080**	**32621**	**63254**	**36458**
5)	**24900**	**68347**	**87966**	**70871**
6)	**12814**	**59009**	**29421**	**87156**
7)	**64671**	**66761**	**45129**	**26493**
8)	**31290**	**66153**	**21076**	**13299**
9)	**36824**	**64621**	**78334**	**52510**
10)	**80748**	**15255**	**28136**	**68283**

Name _______________ Date __________________

Score __________________

Underline the largest number from the numbers given below

1)	**29937**	**79048**	**66606**	**34658**
2)	**98602**	**76878**	**27275**	**25157**
3)	**62871**	**30798**	**78687**	**83932**
4)	**10159**	**86126**	**81899**	**15872**
5)	**81458**	**60316**	**87868**	**15795**
6)	**68655**	**53992**	**28902**	**11792**
7)	**48984**	**29119**	**52157**	**32360**
8)	**57673**	**57064**	**21095**	**94081**
9)	**99300**	**12857**	**39205**	**94809**
10)	**74275**	**11261**	**58509**	**41405**

Name ________________ Date ___________________

Score ___________________

Underline the largest number from the numbers given below

1)	**94573**	**75613**	**21537**	**22889**
2)	**48249**	**76032**	**23743**	**20653**
3)	**97521**	**94973**	**62482**	**39010**
4)	**95463**	**35225**	**95040**	**43305**
5)	**50421**	**56346**	**19376**	**78945**
6)	**10757**	**26083**	**31649**	**77923**
7)	**37627**	**66245**	**15116**	**82163**
8)	**22561**	**24899**	**61325**	**89387**
9)	**93539**	**82356**	**58976**	**99185**
10)	**26219**	**97391**	**36099**	**58871**

Name ______________ Date ________________

Score ________________

Underline the largest number from the numbers given below

1)	**96596**	**50718**	**23995**	**44174**
2)	**12643**	**76260**	**72792**	**49572**
3)	**42862**	**39439**	**56857**	**45982**
4)	**75715**	**16452**	**19591**	**37375**
5)	**74208**	**80419**	**22526**	**18575**
6)	**31528**	**50439**	**43455**	**33517**
7)	**39925**	**29029**	**68717**	**42433**
8)	**17666**	**16054**	**31084**	**16742**
9)	**12535**	**76590**	**71139**	**82172**
10)	**90761**	**93228**	**46595**	**17587**

Name ________________ Date ___________________

Score ___________________

Underline the largest number from the numbers given below

1)	**89545**	**68152**	**58006**	**40676**
2)	**67553**	**26743**	**22923**	**76648**
3)	**53880**	**69428**	**17937**	**98967**
4)	**90058**	**90419**	**78754**	**89926**
5)	**69115**	**21336**	**25473**	**42194**
6)	**46133**	**15740**	**17291**	**93055**
7)	**40241**	**27144**	**13962**	**30094**
8)	**80911**	**44343**	**81400**	**19732**
9)	**17684**	**10746**	**79525**	**15193**
10)	**53680**	**88331**	**66117**	**72693**

Name ________________ Date ___________________

Score ___________________

Underline the largest number from the numbers given below

1)	**64811**	**18114**	**50407**	**72087**
2)	**39846**	**37205**	**30915**	**25304**
3)	**96712**	**48241**	**62535**	**46767**
4)	**74211**	**55095**	**81410**	**82721**
5)	**52483**	**60899**	**96227**	**51049**
6)	**46270**	**84005**	**68864**	**31529**
7)	**14805**	**12528**	**73511**	**93537**
8)	**18582**	**83659**	**20290**	**32951**
9)	**52452**	**28726**	**16422**	**13952**
10)	**54387**	**91778**	**25939**	**10978**

Name ________________ Date ___________________

Score ___________________

Underline the largest number from the numbers given below

1)	**53645**	**22110**	**58055**	**32087**
2)	**75239**	**13052**	**46813**	**43695**
3)	**10881**	**82521**	**26409**	**53086**
4)	**58156**	**69836**	**53622**	**30598**
5)	**41357**	**32802**	**16173**	**86809**
6)	**55534**	**41908**	**68348**	**32144**
7)	**30222**	**82639**	**93880**	**37132**
8)	**69387**	**91278**	**92193**	**36531**
9)	**72055**	**40003**	**25877**	**28924**
10)	**85069**	**41488**	**32968**	**18491**

Name ______________ Date ________________

Score ________________

Underline the largest number from the numbers given below

1)	**81822**	**97880**	**74893**	**29814**
2)	**89072**	**71946**	**41015**	**59972**
3)	**46996**	**10248**	**34138**	**20736**
4)	**96837**	**67481**	**95537**	**94914**
5)	**19175**	**74076**	**79519**	**99565**
6)	**94041**	**91458**	**53237**	**14515**
7)	**28563**	**57000**	**69752**	**91987**
8)	**32103**	**90040**	**55541**	**83461**
9)	**78035**	**11929**	**32486**	**38044**
10)	**35772**	**59098**	**14852**	**61531**

Name ________________ Date ___________________

Score ___________________

Underline the largest number from the numbers given below

1)	**17882**	**77448**	**88321**	**78031**
2)	**91367**	**82589**	**95471**	**97282**
3)	**82824**	**61214**	**57544**	**85132**
4)	**19519**	**10144**	**76778**	**75885**
5)	**79718**	**50968**	**55219**	**93355**
6)	**20450**	**81077**	**86833**	**26791**
7)	**87947**	**49023**	**44679**	**44761**
8)	**40063**	**72903**	**90990**	**26739**
9)	**34754**	**17577**	**45893**	**56279**
10)	**22355**	**37692**	**56878**	**88528**

Name ________________ Date ___________________

Score ___________________

Underline the largest number from the numbers given below

1)	**25470**	**68429**	**76798**	**79648**
2)	**77331**	**21642**	**54813**	**90790**
3)	**10085**	**23383**	**63073**	**67110**
4)	**67944**	**10864**	**62962**	**90534**
5)	**14849**	**39370**	**19219**	**63064**
6)	**98003**	**29287**	**24221**	**67817**
7)	**93540**	**86015**	**81613**	**41670**
8)	**77049**	**14806**	**61661**	**15376**
9)	**93019**	**96751**	**74650**	**16442**
10)	**96503**	**43173**	**66951**	**31408**

Name ________________ Date ___________________

Score ___________________

Underline the largest number from the numbers given below

1)	**24830**	**82249**	**53305**	**60212**
2)	**57396**	**90131**	**14883**	**91954**
3)	**25761**	**76295**	**40773**	**68700**
4)	**29514**	**20449**	**67848**	**27316**
5)	**91818**	**12607**	**36445**	**83779**
6)	**60536**	**10447**	**79034**	**19145**
7)	**22207**	**74452**	**29888**	**14631**
8)	**44572**	**70568**	**95903**	**27827**
9)	**70938**	**45559**	**95241**	**33930**
10)	**85624**	**86095**	**93994**	**36597**

Name ________________ Date ___________________

Score ___________________

Underline the largest number from the numbers given below

1)	**83164**	**56196**	**94895**	**78189**
2)	**82055**	**27832**	**83176**	**65512**
3)	**74180**	**73796**	**15503**	**18535**
4)	**98267**	**21613**	**56445**	**75456**
5)	**74960**	**65902**	**37626**	**91492**
6)	**80381**	**89654**	**23829**	**34629**
7)	**91840**	**59767**	**21436**	**94667**
8)	**96674**	**14566**	**88583**	**29601**
9)	**34730**	**48921**	**41806**	**15387**
10)	**83546**	**51598**	**44980**	**31734**

Name ________________ Date ___________________

Score ___________________

Underline the largest number from the numbers given below

1)	**57350**	**33834**	**75721**	**37223**
2)	**55671**	**95718**	**93220**	**48385**
3)	**90421**	**93427**	**76133**	**29263**
4)	**31220**	**44360**	**40288**	**97929**
5)	**37860**	**80675**	**28697**	**77950**
6)	**24982**	**34927**	**42985**	**69090**
7)	**33887**	**30593**	**55079**	**14513**
8)	**49843**	**38542**	**64626**	**57556**
9)	**33724**	**63372**	**99728**	**14673**
10)	**24837**	**20170**	**58537**	**30488**

Name ________________ Date ___________________

Score ___________________

Underline the largest number from the numbers given below

1)	**73715**	**31186**	**22023**	**23001**
2)	**64057**	**93780**	**93816**	**33292**
3)	**15453**	**94634**	**53983**	**74328**
4)	**80849**	**77232**	**56218**	**37525**
5)	**80395**	**95240**	**40193**	**45492**
6)	**85073**	**54214**	**11502**	**27085**
7)	**27141**	**29866**	**26599**	**10056**
8)	**84490**	**94722**	**73093**	**78819**
9)	**15242**	**41530**	**38792**	**68243**
10)	**25224**	**29485**	**22515**	**26040**

Name ________________ Date ___________________

Score ___________________

Underline the largest number from the numbers given below

1)	**84433**	**81670**	**43961**	**68986**
2)	**68849**	**58922**	**15437**	**92478**
3)	**41781**	**15824**	**48871**	**52744**
4)	**95869**	**11187**	**22101**	**44448**
5)	**75648**	**64700**	**11977**	**78935**
6)	**68639**	**44844**	**76696**	**68181**
7)	**17949**	**68251**	**32829**	**14829**
8)	**70669**	**25777**	**77110**	**67965**
9)	**28921**	**87843**	**16373**	**58044**
10)	**30642**	**76422**	**53763**	**20880**

Name ________________ Date ___________________

Score ___________________

Underline the largest number from the numbers given below

1)	**93434**	**82673**	**40584**	**79802**
2)	**32760**	**27809**	**84957**	**96814**
3)	**25395**	**95573**	**82133**	**66082**
4)	**69021**	**66729**	**21805**	**55949**
5)	**96328**	**41525**	**19812**	**46327**
6)	**99994**	**76681**	**14408**	**76951**
7)	**62854**	**30223**	**15054**	**39099**
8)	**98036**	**89569**	**52139**	**72787**
9)	**55672**	**14967**	**99102**	**72216**
10)	**25083**	**56833**	**57622**	**26912**

Name ________________ Date __________________

Score ___________________

Underline the largest number from the numbers given below

1)	**25243**	**50342**	**79721**	**12814**
2)	**63218**	**65679**	**92996**	**64199**
3)	**63408**	**85530**	**22381**	**44904**
4)	**53615**	**94281**	**21546**	**14871**
5)	**68190**	**84879**	**36720**	**73684**
6)	**57133**	**62642**	**18292**	**22246**
7)	**59825**	**84627**	**93013**	**45525**
8)	**32179**	**74489**	**24307**	**38890**
9)	**35780**	**40533**	**16989**	**26792**
10)	**12334**	**12355**	**16667**	**48840**

Name ________________ Date ___________________

Score ___________________

Underline the largest number from the numbers given below

1)	**46010**	**55948**	**28170**	**84042**
2)	**70186**	**51189**	**37235**	**34161**
3)	**34913**	**46142**	**40102**	**82218**
4)	**99603**	**33105**	**37161**	**52480**
5)	**65992**	**45078**	**60655**	**67979**
6)	**20216**	**78101**	**14067**	**29889**
7)	**31583**	**26166**	**25691**	**88174**
8)	**98724**	**16241**	**56773**	**70958**
9)	**98058**	**47610**	**46741**	**25820**
10)	**83530**	**98264**	**64248**	**15070**

Name ________________ Date __________________

Score __________________

Underline the largest number from the numbers given below

1)	**46140**	**27564**	**42455**	**34720**
2)	**15358**	**20106**	**52689**	**33224**
3)	**65591**	**35238**	**75976**	**18066**
4)	**68648**	**14352**	**75092**	**27514**
5)	**31470**	**44083**	**79914**	**38507**
6)	**96957**	**53657**	**64072**	**11565**
7)	**77266**	**99541**	**22888**	**98423**
8)	**25960**	**87236**	**69349**	**62394**
9)	**46864**	**45865**	**72693**	**33513**
10)	**48567**	**20981**	**82194**	**97348**

Name ________________ Date ___________________

Score ___________________

Underline the largest number from the numbers given below

1)	**17607**	**87403**	**71869**	**70995**
2)	**28167**	**97101**	**61400**	**26423**
3)	**81682**	**94900**	**15321**	**34202**
4)	**88862**	**38076**	**97775**	**94385**
5)	**10684**	**86178**	**71848**	**44232**
6)	**95513**	**63894**	**61909**	**63508**
7)	**13075**	**78291**	**70348**	**98873**
8)	**24867**	**48171**	**46561**	**48408**
9)	**38510**	**69077**	**52860**	**74564**
10)	**59610**	**14907**	**28706**	**28969**

Name ________________ Date ___________________

Score ___________________

Underline the largest number from the numbers given below

1)	**44410**	**41410**	**13522**	**54431**
2)	**13626**	**50120**	**97448**	**62002**
3)	**65300**	**58863**	**13522**	**23466**
4)	**43768**	**38575**	**81535**	**90707**
5)	**36869**	**59056**	**17059**	**61040**
6)	**71379**	**40691**	**79180**	**94752**
7)	**15537**	**21885**	**17798**	**84350**
8)	**68978**	**20109**	**73745**	**77468**
9)	**55119**	**72163**	**62208**	**78350**
10)	**52287**	**94394**	**56784**	**72257**

Name ________________ Date ___________________

Score ___________________

Underline the largest number from the numbers given below

1)	**58202**	**19448**	**21419**	**19045**
2)	**75247**	**65246**	**21532**	**43254**
3)	**11784**	**69028**	**72828**	**58457**
4)	**64963**	**81309**	**73686**	**10160**
5)	**78329**	**21327**	**31302**	**92544**
6)	**73332**	**69128**	**48201**	**37691**
7)	**35646**	**21922**	**94875**	**76012**
8)	**82538**	**41172**	**31514**	**85117**
9)	**56033**	**39356**	**83695**	**25443**
10)	**66391**	**98100**	**32826**	**95574**

Name ________________ Date ___________________

Score ___________________

Underline the largest number from the numbers given below

1)	**98805**	**55675**	**58056**	**20172**
2)	**68801**	**37977**	**12581**	**95729**
3)	**77605**	**31359**	**52333**	**65626**
4)	**67849**	**82789**	**70226**	**30399**
5)	**22829**	**73224**	**25076**	**27184**
6)	**81516**	**10743**	**68129**	**98588**
7)	**83596**	**30859**	**59520**	**43724**
8)	**36425**	**69049**	**46337**	**17201**
9)	**33138**	**94209**	**38815**	**27236**
10)	**57837**	**65676**	**31519**	**81939**

Name ________________ Date ___________________

Score ___________________

Underline the largest number from the numbers given below

1)	**65506**	**28347**	**82261**	**85066**
2)	**71345**	**47545**	**99102**	**48439**
3)	**37898**	**87704**	**16435**	**91023**
4)	**98457**	**99301**	**69504**	**13302**
5)	**12086**	**56987**	**18534**	**46952**
6)	**52617**	**30837**	**13533**	**92175**
7)	**81549**	**82651**	**54841**	**46434**
8)	**45483**	**69038**	**60539**	**55045**
9)	**28296**	**33051**	**86276**	**13118**
10)	**78241**	**91127**	**70967**	**13507**

Name ________________ Date ___________________

Score ___________________

Underline the largest number from the numbers given below

1)	**47990**	**87087**	**88863**	**43798**
2)	**42333**	**35325**	**98867**	**13686**
3)	**65142**	**51737**	**22179**	**18079**
4)	**25579**	**27029**	**60911**	**58320**
5)	**30061**	**22073**	**84321**	**20229**
6)	**28379**	**32299**	**17509**	**93394**
7)	**54214**	**35529**	**94806**	**22674**
8)	**66632**	**96574**	**38230**	**30460**
9)	**44029**	**30355**	**22756**	**27508**
10)	**57497**	**31692**	**31453**	**84046**

Name ________________ Date ___________________

Score ___________________

Underline the largest number from the numbers given below

1)	**89199**	**23008**	**31117**	**79918**
2)	**71371**	**14610**	**76891**	**81528**
3)	**89897**	**32957**	**12959**	**15900**
4)	**34297**	**91510**	**50076**	**89795**
5)	**36700**	**23441**	**76712**	**83261**
6)	**58820**	**82525**	**77064**	**31383**
7)	**58060**	**29546**	**13629**	**53263**
8)	**98637**	**28644**	**73751**	**91876**
9)	**18795**	**24873**	**45013**	**90078**
10)	**72384**	**96841**	**36240**	**34032**

Name ________________ Date __________________

Score __________________

Underline the largest number from the numbers given below

1)	**43259**	**65889**	**53186**	**13969**
2)	**91744**	**31446**	**46982**	**26060**
3)	**31669**	**49442**	**54407**	**28417**
4)	**56233**	**25922**	**59072**	**24196**
5)	**72025**	**25173**	**29963**	**41213**
6)	**98959**	**58702**	**69449**	**43116**
7)	**74825**	**14363**	**26684**	**70191**
8)	**11896**	**46190**	**25366**	**89296**
9)	**57144**	**14121**	**56113**	**52123**
10)	**86578**	**19348**	**59715**	**31589**

Name ________________ Date ___________________

Score ___________________

Underline the largest number from the numbers given below

1)	**89904**	**71942**	**49861**	**48894**
2)	**21668**	**92797**	**23428**	**74120**
3)	**85439**	**98862**	**39258**	**30711**
4)	**68445**	**79473**	**76642**	**55929**
5)	**56810**	**96398**	**50936**	**91662**
6)	**90441**	**74244**	**55214**	**62695**
7)	**68830**	**59011**	**68646**	**70957**
8)	**71569**	**66334**	**71786**	**95479**
9)	**80857**	**41957**	**93662**	**21583**
10)	**78564**	**71161**	**12174**	**66319**

Name ________________ Date ___________________

Score ___________________

Underline the largest number from the numbers given below

1) 20245 68505 32652 92148

2) 36910 50947 72924 67699

3) 81086 98517 53814 81938

4) 94916 21712 65448 10474

5) 91839 98145 77481 30224

6) 65331 21939 13214 55604

7) 29800 74262 81837 95172

8) 63407 41323 11515 16893

9) 86026 34587 49174 26044

10) 58825 52247 62164 37877

Name ________________ Date ___________________

Score ___________________

Underline the largest number from the numbers given below

1)	**14796**	**26526**	**31241**	**58711**
2)	**47088**	**35868**	**93405**	**90210**
3)	**90710**	**53626**	**11286**	**66502**
4)	**66880**	**88496**	**41587**	**17127**
5)	**63639**	**29201**	**17017**	**37502**
6)	**84651**	**81463**	**38843**	**79272**
7)	**68626**	**71969**	**19058**	**62231**
8)	**21618**	**11616**	**49952**	**49342**
9)	**60909**	**85832**	**94497**	**56694**
10)	**32386**	**93120**	**45524**	**95701**

Name ________________ Date ___________________

Score ___________________

Underline the largest number from the numbers given below

1)	**26479**	**65446**	**91992**	**87631**
2)	**89803**	**75100**	**65529**	**19573**
3)	**90881**	**85276**	**82202**	**64071**
4)	**29914**	**49215**	**66083**	**24819**
5)	**94503**	**87944**	**35879**	**47145**
6)	**74695**	**23873**	**83102**	**72757**
7)	**95549**	**34192**	**92682**	**70097**
8)	**31317**	**12951**	**13838**	**37919**
9)	**92415**	**89238**	**25655**	**63933**
10)	**78829**	**39774**	**24785**	**48683**

Name ________________ Date ___________________

Score ___________________

Underline the largest number from the numbers given below

1)	**22597**	**91942**	**75820**	**72751**
2)	**93541**	**72348**	**30093**	**55033**
3)	**89113**	**86794**	**50692**	**43881**
4)	**50757**	**85796**	**61482**	**56864**
5)	**18708**	**54673**	**37892**	**86456**
6)	**39468**	**24312**	**55880**	**48076**
7)	**70845**	**30457**	**66810**	**28239**
8)	**93059**	**59586**	**55892**	**40415**
9)	**15294**	**74189**	**16550**	**45893**
10)	**64529**	**32927**	**30852**	**45168**

Name ________________ Date ___________________

Score ___________________

Underline the largest number from the numbers given below

1)	**76039**	**79919**	**67800**	**15805**
2)	**49451**	**40291**	**45122**	**84335**
3)	**37176**	**40683**	**25839**	**76127**
4)	**20688**	**45119**	**55006**	**68970**
5)	**31020**	**84178**	**93738**	**60475**
6)	**13792**	**69371**	**84728**	**94015**
7)	**48072**	**74997**	**98904**	**71685**
8)	**23182**	**76975**	**46807**	**54219**
9)	**72793**	**40910**	**77071**	**87199**
10)	**93519**	**54023**	**99478**	**65181**

Name ________________ Date ___________________

Score ___________________

Underline the largest number from the numbers given below

1)	**29135**	**33015**	**89681**	**29400**
2)	**79164**	**28492**	**65062**	**55222**
3)	**35904**	**18175**	**21485**	**76981**
4)	**71687**	**57120**	**92880**	**90452**
5)	**30782**	**27756**	**58515**	**13980**
6)	**80551**	**73412**	**70062**	**35920**
7)	**37691**	**27357**	**56157**	**18679**
8)	**88572**	**85129**	**13762**	**37223**
9)	**38505**	**38291**	**94652**	**91071**
10)	**71334**	**73605**	**92869**	**43301**

Name ________________ Date ___________________

Score ___________________

Underline the largest number from the numbers given below

1)	**26431**	**38800**	**54437**	**14560**
2)	**26100**	**38572**	**87274**	**50710**
3)	**82044**	**68807**	**91969**	**49610**
4)	**92213**	**92106**	**40402**	**69336**
5)	**90256**	**76893**	**55813**	**45612**
6)	**27758**	**46801**	**27496**	**69391**
7)	**68220**	**26792**	**37180**	**67064**
8)	**16102**	**39077**	**71891**	**76381**
9)	**74485**	**51280**	**73105**	**71458**
10)	**54826**	**29769**	**27907**	**61529**

Name ______________ Date ________________

Score ________________

Underline the largest number from the numbers given below

1)	**26533**	**25035**	**99063**	**59881**
2)	**94037**	**34120**	**69945**	**94556**
3)	**35341**	**20933**	**32430**	**98513**
4)	**43047**	**45467**	**97477**	**14988**
5)	**14613**	**19582**	**89185**	**41878**
6)	**79098**	**26574**	**56623**	**56663**
7)	**86355**	**45719**	**88227**	**69130**
8)	**76836**	**25613**	**33441**	**43846**
9)	**80213**	**41866**	**92403**	**80637**
10)	**34900**	**62720**	**86082**	**36717**

Name ________________ Date ___________________

Score ___________________

Underline the largest number from the numbers given below

1)	**84266**	**39167**	**30779**	**27588**
2)	**28485**	**20511**	**27672**	**59352**
3)	**71629**	**33863**	**33885**	**96192**
4)	**53740**	**63853**	**21599**	**43519**
5)	**90081**	**34251**	**69257**	**85861**
6)	**44658**	**13393**	**68836**	**17044**
7)	**33403**	**29562**	**79433**	**76302**
8)	**25373**	**85873**	**90212**	**33134**
9)	**27571**	**28303**	**16838**	**21914**
10)	**66134**	**57847**	**64856**	**45669**

Name _______________ Date __________________

Score __________________

Underline the largest number from the numbers given below

1)	**84035**	**72921**	**75805**	**81680**
2)	**61684**	**49339**	**52269**	**40378**
3)	**33212**	**24333**	**60338**	**20518**
4)	**22652**	**93617**	**84834**	**66819**
5)	**68201**	**67196**	**27762**	**84522**
6)	**81660**	**48994**	**86565**	**49552**
7)	**61151**	**29302**	**10127**	**62643**
8)	**80380**	**73698**	**86684**	**67941**
9)	**58730**	**41062**	**58156**	**14508**
10)	**25715**	**19438**	**44018**	**39440**

Name ________________ Date ___________________

Score ___________________

Underline the largest number from the numbers given below

1)	**73869**	**20314**	**59200**	**66948**
2)	**22960**	**22162**	**26606**	**53886**
3)	**41103**	**68933**	**85187**	**79010**
4)	**86352**	**59157**	**34855**	**88736**
5)	**23986**	**78916**	**63493**	**84522**
6)	**23480**	**92183**	**36426**	**51920**
7)	**68676**	**17482**	**86267**	**32820**
8)	**65043**	**23729**	**37171**	**43587**
9)	**59995**	**32688**	**71036**	**34999**
10)	**49121**	**41070**	**29850**	**35879**

Name ________________ Date ___________________

Score ___________________

Underline the largest number from the numbers given below

1)	**72760**	**13004**	**33713**	**78254**
2)	**10228**	**92034**	**20102**	**18092**
3)	**80175**	**64536**	**85019**	**28946**
4)	**34393**	**98642**	**60894**	**29802**
5)	**76455**	**56493**	**94569**	**90838**
6)	**24529**	**35012**	**59226**	**57488**
7)	**46453**	**58050**	**74827**	**20126**
8)	**60412**	**50565**	**40966**	**41251**
9)	**95939**	**97337**	**72774**	**48172**
10)	**54469**	**86553**	**36697**	**56105**

Name ________________ Date ___________________

Score ___________________

Underline the largest number from the numbers given below

1)	**78541**	**42323**	**55492**	**71331**
2)	**73268**	**50129**	**53833**	**20763**
3)	**42645**	**70678**	**52610**	**60510**
4)	**63066**	**32220**	**14146**	**24727**
5)	**76455**	**63322**	**66663**	**87814**
6)	**10989**	**91150**	**68638**	**95367**
7)	**80489**	**72542**	**40492**	**73111**
8)	**78831**	**23006**	**32957**	**40995**
9)	**24067**	**25566**	**59978**	**87729**
10)	**97622**	**76193**	**15160**	**43875**

Name _______________ Date __________________

Score __________________

Underline the largest number from the numbers given below

1)	**41509**	**33909**	**42391**	**67519**
2)	**56004**	**56961**	**84088**	**34296**
3)	**84341**	**32551**	**81091**	**44754**
4)	**76687**	**20610**	**90276**	**71506**
5)	**10877**	**67350**	**52041**	**45241**
6)	**20944**	**68175**	**88148**	**31367**
7)	**95975**	**63168**	**64480**	**29454**
8)	**73775**	**39462**	**52007**	**50970**
9)	**21407**	**68584**	**18141**	**97184**
10)	**16013**	**53959**	**74606**	**18823**

Name ________________ Date ___________________

Score ___________________

Underline the largest number from the numbers given below

1)	**64185**	**38087**	**35698**	**84235**
2)	**64333**	**27650**	**69747**	**60687**
3)	**78975**	**57435**	**37528**	**49600**
4)	**95610**	**66097**	**39682**	**28971**
5)	**72626**	**28061**	**13036**	**45955**
6)	**36656**	**51120**	**64050**	**20535**
7)	**86872**	**78564**	**29804**	**29370**
8)	**35759**	**20520**	**52997**	**75351**
9)	**45745**	**46263**	**68938**	**10456**
10)	**91802**	**16516**	**31609**	**83201**

Name ________________ Date ___________________

Score ___________________

Underline the largest number from the numbers given below

1)	**84770**	**20702**	**23735**	**16557**
2)	**65018**	**86421**	**11922**	**47231**
3)	**82923**	**12219**	**34179**	**57883**
4)	**57093**	**48513**	**78743**	**10014**
5)	**39245**	**77363**	**51797**	**13575**
6)	**33248**	**19089**	**16211**	**69576**
7)	**21987**	**11034**	**97247**	**83733**
8)	**11549**	**19966**	**91416**	**14484**
9)	**44535**	**94833**	**25893**	**82529**
10)	**34624**	**97442**	**27692**	**67723**

Name ________________ Date __________________

Score ___________________

Underline the largest number from the numbers given below

1) **47283** **61857** **63901** **24596**

2) **77528** **27259** **94594** **73131**

3) **51690** **79414** **89059** **85900**

4) **52051** **19737** **67684** **54493**

5) **35741** **51581** **94618** **10943**

6) **62829** **68626** **34362** **32568**

7) **67345** **54942** **25752** **94675**

8) **26265** **30752** **16318** **64447**

9) **63477** **49453** **77465** **32643**

10) **66108** **32907** **93762** **92731**

Name ________________ Date ___________________

Score ___________________

Underline the largest number from the numbers given below

1)	**57634**	**40194**	**45417**	**27839**
2)	**77835**	**46268**	**78256**	**84323**
3)	**15351**	**47008**	**97079**	**68196**
4)	**40967**	**38376**	**69310**	**49581**
5)	**33109**	**98784**	**97159**	**50861**
6)	**20696**	**89899**	**36982**	**43935**
7)	**63839**	**13531**	**50950**	**78294**
8)	**84799**	**64040**	**52004**	**66160**
9)	**15769**	**50299**	**34393**	**90734**
10)	**73147**	**28548**	**27244**	**91454**

Name ________________ Date ___________________

Score ___________________

Underline the largest number from the numbers given below

1)	**21735**	**85028**	**79888**	**11662**
2)	**94070**	**94750**	**91464**	**34154**
3)	**28866**	**46090**	**91639**	**40832**
4)	**10623**	**44768**	**25894**	**20488**
5)	**56937**	**20036**	**33111**	**53825**
6)	**53454**	**80228**	**36605**	**58611**
7)	**97720**	**35951**	**96093**	**18801**
8)	**93942**	**32821**	**20184**	**88865**
9)	**30576**	**40011**	**52374**	**24738**
10)	**76517**	**70920**	**98457**	**52506**

Name ________________ Date ___________________

Score ___________________

Underline the largest number from the numbers given below

1)	**55967**	**99881**	**55692**	**72896**
2)	**66801**	**23638**	**25976**	**88633**
3)	**76640**	**86913**	**66499**	**52061**
4)	**70852**	**16702**	**17164**	**92151**
5)	**57071**	**79679**	**44397**	**83716**
6)	**20065**	**51771**	**50466**	**79491**
7)	**21754**	**60517**	**52700**	**24691**
8)	**62657**	**20598**	**83275**	**54928**
9)	**78889**	**17395**	**34093**	**35949**
10)	**92257**	**19251**	**65746**	**61939**

Name ________________ Date ___________________

Score ___________________

Underline the largest number from the numbers given below

1)	**64492**	**83586**	**60127**	**37893**
2)	**24073**	**22281**	**40154**	**82624**
3)	**61293**	**61614**	**68036**	**79650**
4)	**68929**	**71384**	**44518**	**17031**
5)	**33932**	**13682**	**32949**	**70978**
6)	**63178**	**78952**	**75206**	**88902**
7)	**38826**	**97962**	**98666**	**48910**
8)	**47545**	**85109**	**57288**	**24548**
9)	**28545**	**17289**	**11395**	**71561**
10)	**57867**	**15212**	**39077**	**52569**

Name ________________ Date ___________________

Score ___________________

Underline the largest number from the numbers given below

1)	**91177**	**51886**	**32884**	**25624**
2)	**88310**	**47273**	**86686**	**76441**
3)	**13415**	**61546**	**88676**	**91711**
4)	**40668**	**28025**	**34901**	**86405**
5)	**60995**	**79689**	**98746**	**62942**
6)	**17873**	**33962**	**57443**	**17525**
7)	**69484**	**89441**	**11646**	**47547**
8)	**67298**	**87130**	**99534**	**63896**
9)	**91287**	**76611**	**76629**	**73675**
10)	**89828**	**56741**	**29731**	**27682**

Name _______________ Date __________________

Score __________________

Underline the largest number from the numbers given below

1)	**25451**	**80287**	**50204**	**72943**
2)	**31540**	**34321**	**35932**	**21098**
3)	**94549**	**72691**	**82574**	**75605**
4)	**94817**	**64942**	**12623**	**14514**
5)	**52686**	**59951**	**11589**	**71429**
6)	**91837**	**89426**	**95178**	**23036**
7)	**38886**	**25740**	**27142**	**78454**
8)	**77628**	**40447**	**59808**	**26234**
9)	**33497**	**58547**	**81955**	**31355**
10)	**47209**	**70674**	**87801**	**60773**

Name ________________ Date ___________________

Score ___________________

Underline the largest number from the numbers given below

1)	**97316**	**13209**	**30892**	**22089**
2)	**49644**	**32479**	**94061**	**26660**
3)	**25656**	**16862**	**25183**	**83589**
4)	**64290**	**58886**	**53180**	**53543**
5)	**71660**	**90933**	**54927**	**20173**
6)	**80031**	**13542**	**34372**	**21986**
7)	**82793**	**27061**	**55224**	**50155**
8)	**40776**	**55059**	**87172**	**19903**
9)	**17372**	**85126**	**50089**	**55568**
10)	**77492**	**13225**	**85739**	**85130**

Name ________________ Date ___________________

Score ___________________

Underline the largest number from the numbers given below

1)	**59878**	**69589**	**75802**	**55502**
2)	**38775**	**85211**	**23262**	**11957**
3)	**92363**	**51457**	**41316**	**74953**
4)	**14725**	**20953**	**51917**	**38181**
5)	**33519**	**81729**	**93049**	**80218**
6)	**70793**	**48010**	**72640**	**49452**
7)	**96877**	**71668**	**81285**	**64091**
8)	**10003**	**50928**	**66882**	**78580**
9)	**29816**	**19955**	**54165**	**88629**
10)	**97233**	**24729**	**48002**	**21133**

Name ________________ Date ___________________

Score ___________________

Underline the largest number from the numbers given below

1)	**50692**	**88761**	**64833**	**11782**
2)	**20597**	**33400**	**81333**	**53983**
3)	**31853**	**29026**	**89924**	**78164**
4)	**55631**	**47959**	**83483**	**76886**
5)	**22966**	**69080**	**38171**	**30373**
6)	**43981**	**88790**	**68392**	**52720**
7)	**95035**	**83332**	**38748**	**82474**
8)	**88461**	**85104**	**24450**	**29958**
9)	**45794**	**15235**	**32276**	**60919**
10)	**80963**	**35386**	**15629**	**12142**

Name ________________ Date ___________________

Score ___________________

Underline the largest number from the numbers given below

1)	**80307**	**20608**	**15193**	**93145**
2)	**46953**	**46227**	**33007**	**93268**
3)	**21925**	**10405**	**93943**	**47973**
4)	**26377**	**48842**	**75311**	**88173**
5)	**16582**	**64371**	**76795**	**49705**
6)	**63481**	**60857**	**15179**	**30507**
7)	**98239**	**30325**	**17451**	**32450**
8)	**34175**	**57473**	**85156**	**12791**
9)	**10538**	**46699**	**51881**	**56526**
10)	**80723**	**99389**	**14403**	**26816**

Name ________________ Date ___________________

Score ___________________

Underline the largest number from the numbers given below

1)	**75596**	**20482**	**23239**	**12966**
2)	**32484**	**39582**	**86800**	**30671**
3)	**87790**	**13059**	**74340**	**30518**
4)	**45638**	**43423**	**35372**	**96764**
5)	**70507**	**60720**	**62554**	**71958**
6)	**27618**	**82790**	**11779**	**66528**
7)	**44888**	**70472**	**11468**	**32249**
8)	**71865**	**11572**	**41173**	**93980**
9)	**33854**	**60751**	**75403**	**82689**
10)	**24013**	**28981**	**75693**	**10021**

Name ________________ Date ___________________

Score ___________________

Underline the largest number from the numbers given below

1)	**15600**	**12869**	**91642**	**21569**
2)	**88221**	**97662**	**24703**	**39597**
3)	**36390**	**48793**	**72611**	**53273**
4)	**18510**	**93292**	**63952**	**52591**
5)	**79706**	**11305**	**77120**	**46391**
6)	**32834**	**29902**	**78333**	**33308**
7)	**35203**	**71626**	**81257**	**54094**
8)	**32686**	**87461**	**74082**	**32443**
9)	**94618**	**35674**	**89085**	**42295**
10)	**75136**	**83309**	**76812**	**62793**

Name ________________ Date ___________________

Score ___________________

Underline the largest number from the numbers given below

1)	**36415**	**23928**	**99853**	**54746**
2)	**74121**	**19379**	**82090**	**63895**
3)	**46557**	**33885**	**78287**	**68891**
4)	**85798**	**29666**	**22415**	**35746**
5)	**83230**	**22620**	**98405**	**41506**
6)	**36889**	**34029**	**20648**	**53039**
7)	**59305**	**66011**	**30841**	**70641**
8)	**64968**	**35844**	**95807**	**12131**
9)	**70727**	**55741**	**92659**	**90552**
10)	**12981**	**77476**	**56865**	**52394**

Name ________________ Date ___________________

Score ___________________

Underline the largest number from the numbers given below

1)	**61863**	**57281**	**50292**	**80890**
2)	**74937**	**55634**	**53990**	**50633**
3)	**94558**	**43221**	**29734**	**75977**
4)	**94459**	**22271**	**65331**	**34470**
5)	**84315**	**16022**	**75568**	**53804**
6)	**33600**	**54391**	**84909**	**93538**
7)	**32322**	**13274**	**97312**	**57524**
8)	**16363**	**38168**	**52886**	**69463**
9)	**19982**	**53067**	**42134**	**93797**
10)	**43176**	**18546**	**92350**	**33754**

Name ________________ Date ___________________

Score ___________________

Underline the largest number from the numbers given below

1)	**37564**	**23589**	**66787**	**49711**
2)	**11599**	**97190**	**37989**	**21017**
3)	**27382**	**46979**	**28358**	**57316**
4)	**80885**	**53567**	**85956**	**69230**
5)	**16105**	**63281**	**16591**	**46063**
6)	**36303**	**19981**	**18209**	**51502**
7)	**63308**	**43151**	**52332**	**42640**
8)	**23563**	**85813**	**62853**	**24566**
9)	**69494**	**89861**	**91199**	**67189**
10)	**86290**	**97244**	**12513**	**70492**

Name ________________ Date ___________________

Score ___________________

Underline the largest number from the numbers given below

1)	**32021**	**95467**	**44490**	**27445**
2)	**86270**	**12920**	**92712**	**75229**
3)	**42201**	**78578**	**92918**	**50226**
4)	**32840**	**61835**	**53032**	**43304**
5)	**84423**	**92553**	**81048**	**80693**
6)	**64779**	**12173**	**18401**	**16656**
7)	**92984**	**50673**	**71258**	**77532**
8)	**98385**	**56095**	**47153**	**68417**
9)	**29015**	**35772**	**26567**	**90377**
10)	**35680**	**82055**	**89726**	**35161**

Name ______________ Date ________________

Score ________________

Underline the largest number from the numbers given below

1)	**54417**	**65891**	**81226**	**35133**
2)	**25175**	**63777**	**56247**	**85302**
3)	**50682**	**22057**	**67519**	**80259**
4)	**74375**	**27089**	**36800**	**59699**
5)	**98887**	**78762**	**24249**	**46693**
6)	**36720**	**45798**	**53197**	**67844**
7)	**72457**	**96646**	**94324**	**96902**
8)	**32213**	**90499**	**73616**	**14318**
9)	**16344**	**87541**	**61388**	**55461**
10)	**88058**	**43658**	**68638**	**53468**

Name ________________ Date ___________________

Score ___________________

Underline the largest number from the numbers given below

1)	**41690**	**96477**	**83573**	**38169**
2)	**25857**	**38055**	**41206**	**84931**
3)	**42896**	**89934**	**88441**	**43736**
4)	**20121**	**23345**	**13762**	**92810**
5)	**62701**	**84578**	**69837**	**19234**
6)	**13214**	**66666**	**68412**	**66274**
7)	**83850**	**67227**	**26224**	**47056**
8)	**27006**	**37937**	**38030**	**74118**
9)	**73322**	**30140**	**25553**	**47520**
10)	**46137**	**10655**	**34359**	**71985**

Name ________________ Date ___________________

Score ___________________

Underline the largest number from the numbers given below

1)	**68011**	**74160**	**61802**	**41272**
2)	**44145**	**14977**	**81548**	**22745**
3)	**74746**	**66878**	**22781**	**79114**
4)	**27606**	**28600**	**25710**	**36612**
5)	**17670**	**37007**	**63044**	**11241**
6)	**93438**	**91433**	**31064**	**58232**
7)	**33821**	**14224**	**65518**	**40324**
8)	**10918**	**47788**	**21515**	**77066**
9)	**28076**	**48839**	**42070**	**76630**
10)	**80409**	**63177**	**30954**	**44716**

Name ________________ Date ___________________

Score ___________________

Underline the largest number from the numbers given below

1)	**83163**	**13403**	**21731**	**84566**
2)	**65386**	**15540**	**55670**	**92633**
3)	**89074**	**55956**	**22546**	**50296**
4)	**73839**	**44312**	**26507**	**18817**
5)	**37854**	**22377**	**36215**	**99223**
6)	**96770**	**60008**	**47049**	**65489**
7)	**59870**	**60204**	**72322**	**43090**
8)	**11113**	**28271**	**72199**	**28430**
9)	**82780**	**96046**	**33087**	**69207**
10)	**62607**	**95607**	**92967**	**93230**

Name ________________ Date ___________________

Score ___________________

Underline the largest number from the numbers given below

1)	**43514**	**30475**	**38191**	**97225**
2)	**93666**	**26345**	**36121**	**10567**
3)	**27415**	**79927**	**91757**	**13797**
4)	**13642**	**97941**	**14891**	**59607**
5)	**73111**	**34711**	**70714**	**45070**
6)	**86854**	**23393**	**64627**	**27200**
7)	**39774**	**72155**	**16715**	**10920**
8)	**70277**	**87606**	**85978**	**72325**
9)	**38179**	**52071**	**21789**	**26992**
10)	**21159**	**78460**	**87370**	**16138**

Name ________________ Date ___________________

Score ___________________

Underline the largest number from the numbers given below

1)	**67180**	**80996**	**59360**	**15263**
2)	**68873**	**58314**	**20994**	**84466**
3)	**77374**	**97682**	**95708**	**16055**
4)	**77946**	**47410**	**78747**	**22646**
5)	**77642**	**33883**	**14071**	**40182**
6)	**59740**	**21523**	**19400**	**77823**
7)	**58821**	**31708**	**69158**	**65933**
8)	**73524**	**50057**	**69158**	**92964**
9)	**58649**	**64086**	**31851**	**28738**
10)	**16727**	**45651**	**55061**	**13728**

Name ______________ Date ________________

Score ________________

Underline the largest number from the numbers given below

1)	**72726**	**34794**	**88675**	**28330**
2)	**62197**	**19260**	**84226**	**25430**
3)	**22304**	**48108**	**17165**	**39209**
4)	**32566**	**82695**	**35764**	**32037**
5)	**38031**	**90966**	**87505**	**14328**
6)	**48019**	**63525**	**30249**	**44988**
7)	**65362**	**29567**	**20942**	**25334**
8)	**84780**	**74036**	**65526**	**65668**
9)	**12790**	**25418**	**38512**	**23679**
10)	**63030**	**79643**	**39773**	**26575**

Name ________________ Date ___________________

Score ___________________

Underline the largest number from the numbers given below

1)	**85502**	**55176**	**43871**	**53833**
2)	**23186**	**83624**	**69777**	**62367**
3)	**29648**	**39244**	**26408**	**54353**
4)	**35037**	**46867**	**81519**	**62066**
5)	**77582**	**26620**	**96862**	**81923**
6)	**50578**	**45809**	**96251**	**56629**
7)	**87029**	**36498**	**55049**	**80263**
8)	**72176**	**28067**	**47037**	**53378**
9)	**43291**	**25696**	**35832**	**48972**
10)	**15143**	**42793**	**30662**	**98840**

Name ________________ Date ___________________

Score ___________________

Underline the largest number from the numbers given below

1)	**82956**	**96993**	**49652**	**24840**
2)	**60572**	**80956**	**88394**	**29360**
3)	**46213**	**39308**	**87402**	**95072**
4)	**41860**	**24402**	**42011**	**74834**
5)	**77622**	**63811**	**48015**	**38874**
6)	**99270**	**37475**	**45598**	**50081**
7)	**15100**	**34139**	**96588**	**94135**
8)	**78598**	**41317**	**79595**	**91861**
9)	**21024**	**23531**	**77404**	**40346**
10)	**68876**	**29311**	**67950**	**52769**

Name ________________ Date ___________________

Score ___________________

Underline the largest number from the numbers given below

1)	**10051**	**92408**	**45481**	**63102**
2)	**37522**	**97740**	**97862**	**51060**
3)	**80305**	**58428**	**71297**	**10259**
4)	**43612**	**76540**	**89378**	**44976**
5)	**38720**	**47485**	**80493**	**88870**
6)	**50119**	**24466**	**28674**	**83581**
7)	**52118**	**95461**	**28886**	**47765**
8)	**40569**	**54027**	**59283**	**45579**
9)	**69403**	**49934**	**97824**	**44320**
10)	**48607**	**87530**	**88141**	**27106**

Name ______________ Date ________________

Score ________________

Underline the largest number from the numbers given below

1)	**90696**	**91245**	**78586**	**96018**
2)	**10472**	**97295**	**49143**	**13506**
3)	**46027**	**80443**	**98280**	**69055**
4)	**40969**	**82191**	**31036**	**75022**
5)	**70370**	**23283**	**56730**	**31681**
6)	**48743**	**51610**	**38701**	**95765**
7)	**70340**	**49730**	**14004**	**26912**
8)	**33499**	**85253**	**15678**	**61578**
9)	**39647**	**30722**	**49258**	**35430**
10)	**86722**	**58443**	**82722**	**95415**

Name ________________ Date ___________________

Score ___________________

Underline the largest number from the numbers given below

1)	**79919**	**62425**	**88826**	**33440**
2)	**72109**	**11594**	**85507**	**90057**
3)	**16995**	**27878**	**30156**	**95165**
4)	**87546**	**65879**	**71227**	**98608**
5)	**83558**	**36242**	**29965**	**31086**
6)	**34531**	**28707**	**31580**	**71223**
7)	**99377**	**88285**	**30517**	**31835**
8)	**50845**	**21282**	**37046**	**49823**
9)	**49197**	**80052**	**32802**	**95695**
10)	**24946**	**83503**	**89718**	**87972**

Name ________________ Date ___________________

Score ___________________

Underline the largest number from the numbers given below

1)	**35259**	**33692**	**40974**	**77873**
2)	**44367**	**77299**	**21259**	**77902**
3)	**93061**	**32563**	**76195**	**40018**
4)	**49111**	**50896**	**32048**	**12781**
5)	**17047**	**27054**	**48831**	**80895**
6)	**55731**	**50547**	**83896**	**77359**
7)	**38057**	**66653**	**74540**	**13717**
8)	**59169**	**66882**	**38524**	**53750**
9)	**25625**	**62605**	**34832**	**33763**
10)	**85714**	**95760**	**19608**	**50603**

Name ________________ Date ___________________

Score ___________________

Underline the largest number from the numbers given below

1) 21698 32968 42836 54331

2) 13022 17779 69159 42292

3) 80810 33372 10015 55743

4) 84869 56089 36651 14326

5) 42907 36644 61933 16336

6) 18868 25460 33915 90036

7) 67880 53394 70351 18670

8) 66172 71100 59251 95769

9) 24867 37341 75470 55756

10) 29639 87439 17394 93543

Name ________________ Date ___________________

Score ___________________

Underline the largest number from the numbers given below

1)	**25134**	**44326**	**78231**	**22483**
2)	**87974**	**65243**	**62062**	**12439**
3)	**71064**	**22498**	**47774**	**34389**
4)	**45692**	**35105**	**95104**	**89860**
5)	**14037**	**15755**	**31357**	**60121**
6)	**96333**	**17632**	**81158**	**33497**
7)	**43563**	**61124**	**19669**	**83510**
8)	**67963**	**34042**	**73338**	**19505**
9)	**76455**	**59387**	**96813**	**68599**
10)	**30216**	**64978**	**22547**	**22887**

Name ________________ Date ___________________

Score ___________________

Underline the largest number from the numbers given below

1)	**39185**	**54028**	**84623**	**44261**
2)	**30289**	**89416**	**59486**	**79746**
3)	**87007**	**97905**	**27407**	**33668**
4)	**89288**	**35070**	**78874**	**43947**
5)	**26315**	**26425**	**30347**	**31536**
6)	**72673**	**23742**	**35635**	**67138**
7)	**27621**	**90688**	**93649**	**62487**
8)	**52012**	**35039**	**11921**	**40785**
9)	**14766**	**32528**	**25601**	**26315**
10)	**19077**	**79230**	**80192**	**39319**

Name ________________ Date ___________________

Score ___________________

Underline the largest number from the numbers given below

1)	**94050**	**45629**	**94606**	**25849**
2)	**20164**	**63391**	**17144**	**33058**
3)	**68896**	**80518**	**46924**	**98200**
4)	**31922**	**47564**	**70944**	**78738**
5)	**42968**	**89257**	**50870**	**52876**
6)	**17430**	**81085**	**34099**	**33399**
7)	**12852**	**18709**	**76753**	**10890**
8)	**49805**	**45769**	**45204**	**38801**
9)	**84657**	**91704**	**63707**	**24843**
10)	**13201**	**11698**	**92503**	**59379**

Name ________________ Date __________________

Score __________________

Underline the largest number from the numbers given below

1)	**92219**	**83433**	**58909**	**41351**
2)	**22211**	**56979**	**88297**	**46190**
3)	**51916**	**39209**	**48172**	**30307**
4)	**93209**	**19695**	**52177**	**14060**
5)	**97461**	**50710**	**78788**	**19889**
6)	**14428**	**72237**	**41891**	**52479**
7)	**77668**	**98957**	**65077**	**57268**
8)	**92780**	**39316**	**22306**	**32239**
9)	**76483**	**80650**	**62632**	**17890**
10)	**54343**	**27169**	**99541**	**16659**

Name ________________ Date ___________________

Score ___________________

Underline the largest number from the numbers given below

1) 42353 62396 17311 86279

2) 36227 30502 78193 28880

3) 57167 83972 57870 78863

4) 54408 19036 86911 60514

5) 17343 73744 94606 18198

6) 23171 66113 60764 19990

7) 42086 94235 54858 77917

8) 29485 86502 39624 79641

9) 94604 63213 69092 50548

10) 88827 12327 83498 22291

Name ________________ Date ___________________

Score ___________________

Underline the largest number from the numbers given below

1)	**19410**	**60029**	**28435**	**30404**
2)	**59799**	**58880**	**59792**	**33220**
3)	**11353**	**85657**	**63246**	**80165**
4)	**23813**	**15317**	**56924**	**13080**
5)	**39068**	**85293**	**80659**	**18627**
6)	**84803**	**29749**	**39188**	**31279**
7)	**40634**	**67591**	**43272**	**91594**
8)	**60334**	**37314**	**74163**	**90869**
9)	**71376**	**24345**	**33165**	**90260**
10)	**17008**	**65144**	**64772**	**23028**

Name ________________ Date ___________________

Score ___________________

Underline the largest number from the numbers given below

1)	**75915**	**28801**	**83360**	**54476**
2)	**96465**	**83635**	**74437**	**92666**
3)	**58432**	**74417**	**33533**	**35866**
4)	**18161**	**84385**	**62296**	**20956**
5)	**67160**	**61208**	**78070**	**34481**
6)	**20105**	**71727**	**39736**	**49502**
7)	**55488**	**24638**	**83571**	**60163**
8)	**70593**	**45041**	**30712**	**94689**
9)	**91574**	**58947**	**72976**	**83888**
10)	**38326**	**83999**	**32022**	**31798**

Name ________________ **Date** ___________________

Score ___________________

Underline the largest number from the numbers given below

1)	**70025**	**11332**	**47211**	**44617**
2)	**18953**	**42757**	**19937**	**87026**
3)	**43650**	**55303**	**88888**	**51679**
4)	**52610**	**73199**	**35425**	**98733**
5)	**44274**	**43344**	**35212**	**29002**
6)	**24235**	**36435**	**64805**	**41708**
7)	**78180**	**81765**	**78408**	**50277**
8)	**44063**	**19323**	**29499**	**84605**
9)	**51928**	**15574**	**73268**	**30068**
10)	**84454**	**24661**	**92782**	**18614**

Name ______________ Date ________________

Score ________________

Underline the largest number from the numbers given below

1)	**39702**	**55556**	**98986**	**42166**
2)	**29366**	**79225**	**26139**	**12433**
3)	**84633**	**92315**	**86564**	**36833**
4)	**16910**	**17671**	**13192**	**15009**
5)	**20628**	**67376**	**32704**	**34346**
6)	**89721**	**24986**	**18889**	**15837**
7)	**21494**	**47770**	**75552**	**34184**
8)	**61606**	**89102**	**16496**	**22681**
9)	**34616**	**28062**	**25838**	**34975**
10)	**65257**	**68241**	**17170**	**46463**

Name ________________ Date ___________________

Score ___________________

Underline the largest number from the numbers given below

1)	**56939**	**98515**	**78265**	**33261**
2)	**74848**	**55875**	**82650**	**14802**
3)	**12616**	**30500**	**41325**	**80907**
4)	**82145**	**62586**	**16895**	**84057**
5)	**47745**	**90085**	**95781**	**74408**
6)	**13516**	**96461**	**89441**	**10634**
7)	**76440**	**15535**	**29810**	**38211**
8)	**92624**	**27745**	**94299**	**89525**
9)	**49621**	**84080**	**48510**	**15442**
10)	**77336**	**22451**	**92765**	**21248**

Name ________________ Date ____________________

Score ___________________

Underline the largest number from the numbers given below

1)	**36224**	**77684**	**94506**	**24657**
2)	**56620**	**91994**	**43244**	**52688**
3)	**36539**	**94596**	**96400**	**80078**
4)	**12631**	**21422**	**73481**	**32019**
5)	**62614**	**25372**	**95358**	**38223**
6)	**75206**	**54855**	**86255**	**98522**
7)	**82682**	**75919**	**16678**	**22339**
8)	**24007**	**13023**	**34332**	**60315**
9)	**31513**	**25770**	**12689**	**82101**
10)	**63789**	**35030**	**36903**	**22177**

Name ________________ Date __________________

Score __________________

Underline the largest number from the numbers given below

1)	**96324**	**71296**	**30061**	**20847**
2)	**13665**	**91604**	**36131**	**76212**
3)	**31409**	**30453**	**62517**	**12075**
4)	**74809**	**97976**	**76322**	**81499**
5)	**45124**	**18792**	**52268**	**49425**
6)	**84342**	**21486**	**15570**	**67980**
7)	**57524**	**85783**	**72429**	**36714**
8)	**15907**	**62746**	**36180**	**29168**
9)	**46590**	**56978**	**36884**	**12049**
10)	**82515**	**49593**	**29097**	**73331**

Name ________________ Date ___________________

Score ___________________

Underline the largest number from the numbers given below

1)	**11275**	**77710**	**12629**	**23093**
2)	**66458**	**15233**	**30699**	**73355**
3)	**37780**	**20578**	**27062**	**15823**
4)	**90728**	**82755**	**88308**	**80764**
5)	**40770**	**53346**	**71875**	**13271**
6)	**29450**	**36648**	**77434**	**61769**
7)	**76448**	**56354**	**98634**	**19546**
8)	**44676**	**23047**	**56256**	**95223**
9)	**24313**	**23935**	**98207**	**25949**
10)	**85996**	**42614**	**35039**	**18004**

Name ________________ Date __________________

Score __________________

Underline the largest number from the numbers given below

1)	**77993**	**70842**	**79770**	**95011**
2)	**83866**	**46608**	**48692**	**56355**
3)	**99499**	**58707**	**11038**	**20799**
4)	**83000**	**14513**	**86798**	**50355**
5)	**91293**	**56623**	**32206**	**83082**
6)	**99238**	**14095**	**58017**	**11388**
7)	**19116**	**91252**	**22462**	**11643**
8)	**38989**	**90207**	**28124**	**65582**
9)	**32592**	**18851**	**64503**	**67122**
10)	**47834**	**66337**	**66770**	**46090**

Name ______________ Date _________________

Score ________________

Underline the largest number from the numbers given below

1)	**35373**	**42602**	**87489**	**76430**
2)	**77576**	**33747**	**66450**	**38892**
3)	**45704**	**35677**	**75113**	**77969**
4)	**34194**	**19353**	**66223**	**25938**
5)	**65988**	**17342**	**93327**	**96285**
6)	**11425**	**89359**	**32652**	**74106**
7)	**24904**	**17592**	**62297**	**43352**
8)	**13432**	**78102**	**83591**	**42014**
9)	**20958**	**15245**	**48108**	**53857**
10)	**71624**	**94409**	**66203**	**94562**

Name ________________ Date __________________

Score __________________

Underline the largest number from the numbers given below

1)	**28722**	**53785**	**10860**	**63139**
2)	**92796**	**30220**	**96723**	**50757**
3)	**82530**	**82383**	**99823**	**48134**
4)	**10565**	**10669**	**32884**	**88826**
5)	**89291**	**87281**	**53780**	**60999**
6)	**43138**	**35336**	**84612**	**61236**
7)	**83868**	**43359**	**95546**	**40249**
8)	**41559**	**40260**	**69968**	**11787**
9)	**23764**	**27524**	**78474**	**64388**
10)	**68070**	**60257**	**64563**	**21454**

Name ________________ Date ___________________

Score ___________________

Underline the largest number from the numbers given below

1)	**47150**	**60700**	**82202**	**26664**
2)	**20684**	**14188**	**39605**	**69623**
3)	**10836**	**41620**	**20813**	**36231**
4)	**46421**	**28949**	**83969**	**66361**
5)	**69072**	**91406**	**57050**	**38832**
6)	**73291**	**23393**	**52542**	**77014**
7)	**48298**	**18193**	**78692**	**10630**
8)	**10255**	**76477**	**25364**	**54101**
9)	**86221**	**20312**	**90796**	**19997**
10)	**42311**	**30593**	**21444**	**24890**

Name ________________ Date __________________

Score ___________________

Underline the largest number from the numbers given below

1)	**67993**	**85315**	**72977**	**97389**
2)	**93304**	**67353**	**33449**	**76231**
3)	**63313**	**37079**	**55579**	**87388**
4)	**77052**	**24594**	**17339**	**10800**
5)	**88127**	**48487**	**35718**	**94060**
6)	**23360**	**73445**	**21449**	**14836**
7)	**47467**	**67207**	**21374**	**90626**
8)	**95258**	**95895**	**57351**	**53759**
9)	**36185**	**19078**	**34078**	**99135**
10)	**97581**	**25135**	**96769**	**94026**

Name ________________ Date ___________________

Score ___________________

Underline the largest number from the numbers given below

1)	**16617**	**68922**	**84106**	**86271**
2)	**55488**	**78076**	**99182**	**20187**
3)	**82999**	**75726**	**25529**	**41467**
4)	**10168**	**64865**	**38620**	**11191**
5)	**28398**	**35993**	**15021**	**73014**
6)	**32220**	**82687**	**21033**	**10649**
7)	**73083**	**28569**	**60098**	**21662**
8)	**67711**	**28827**	**16242**	**62432**
9)	**43390**	**79059**	**16506**	**16537**
10)	**70874**	**25394**	**55488**	**78523**

Name ________________ Date __________________

Score __________________

Underline the largest number from the numbers given below

1)	**16262**	**60406**	**19850**	**23222**
2)	**92698**	**20881**	**38862**	**76854**
3)	**15053**	**70315**	**49656**	**35910**
4)	**60499**	**60201**	**80830**	**70044**
5)	**47611**	**72931**	**44321**	**86763**
6)	**85883**	**44753**	**67934**	**81134**
7)	**98863**	**92240**	**60010**	**67420**
8)	**40811**	**91724**	**49545**	**53041**
9)	**63067**	**83372**	**86023**	**57863**
10)	**43105**	**49637**	**45211**	**84785**

Name ________________ Date ___________________

Score ___________________

Underline the largest number from the numbers given below

1)	**76700**	**95100**	**10910**	**34453**
2)	**99358**	**31868**	**88188**	**82447**
3)	**94045**	**76346**	**63896**	**38761**
4)	**32541**	**75321**	**65280**	**82600**
5)	**63542**	**74432**	**73941**	**62574**
6)	**57530**	**88738**	**92613**	**64783**
7)	**19960**	**20945**	**30588**	**63869**
8)	**71924**	**50694**	**69516**	**79047**
9)	**53162**	**85974**	**33500**	**22822**
10)	**35563**	**37714**	**89391**	**39216**

Name ________________ Date ___________________

Score ___________________

Underline the largest number from the numbers given below

1)	**16412**	**29612**	**12468**	**90775**
2)	**58875**	**74276**	**16909**	**91359**
3)	**60109**	**67058**	**58606**	**99207**
4)	**11502**	**50369**	**72209**	**56531**
5)	**36895**	**96230**	**91921**	**99361**
6)	**10721**	**14811**	**65498**	**12803**
7)	**72842**	**76282**	**85860**	**49763**
8)	**67215**	**56859**	**49672**	**14723**
9)	**93919**	**40973**	**22336**	**96856**
10)	**57879**	**22113**	**77356**	**53598**

Name ________________ Date ___________________

Score ___________________

Underline the largest number from the numbers given below

1)	**74356**	**15275**	**78383**	**18813**
2)	**93876**	**76440**	**89391**	**21101**
3)	**96592**	**77953**	**36034**	**44714**
4)	**40121**	**75278**	**16524**	**36096**
5)	**32194**	**51533**	**40334**	**99752**
6)	**33942**	**70169**	**86827**	**56509**
7)	**73637**	**92885**	**91876**	**94913**
8)	**22263**	**63270**	**16602**	**75044**
9)	**66717**	**34694**	**44547**	**32898**
10)	**44614**	**27462**	**30827**	**85577**

Name ________________ Date ___________________

Score ___________________

Underline the largest number from the numbers given below

1)	**62634**	**58729**	**34794**	**76420**
2)	**36040**	**15031**	**72544**	**63103**
3)	**25197**	**26497**	**20294**	**35424**
4)	**56731**	**50970**	**88897**	**43870**
5)	**13167**	**20718**	**74167**	**80460**
6)	**66796**	**92490**	**76362**	**79543**
7)	**88791**	**82651**	**95743**	**44182**
8)	**31404**	**18480**	**94184**	**73832**
9)	**92178**	**18198**	**89449**	**20543**
10)	**20662**	**62151**	**63795**	**34552**

Name ________________ Date ___________________

Score ___________________

Underline the largest number from the numbers given below

1)	**42381**	**94970**	**20046**	**54382**
2)	**58065**	**39483**	**15053**	**87567**
3)	**91485**	**56383**	**28868**	**94665**
4)	**87802**	**12703**	**81033**	**37056**
5)	**55100**	**60616**	**29276**	**14490**
6)	**95089**	**62672**	**18038**	**43886**
7)	**43828**	**28779**	**91046**	**32304**
8)	**52443**	**46378**	**22117**	**20754**
9)	**82057**	**91076**	**57513**	**89290**
10)	**15994**	**27175**	**57405**	**99145**

Name ________________ Date ___________________

Score ___________________

Underline the largest number from the numbers given below

1)	**88408**	**34040**	**75233**	**72903**
2)	**20921**	**97508**	**56525**	**90426**
3)	**43583**	**86032**	**63627**	**12429**
4)	**25974**	**98442**	**26942**	**38005**
5)	**48021**	**17073**	**35373**	**40430**
6)	**45649**	**66107**	**95775**	**95265**
7)	**35188**	**27039**	**80924**	**88112**
8)	**25506**	**86217**	**44586**	**11332**
9)	**94747**	**48819**	**10369**	**99365**
10)	**91335**	**99182**	**31320**	**88919**

Name ________________ Date ___________________

Score ___________________

Underline the largest number from the numbers given below

1) **45353** **23406** **78785** **36416**

2) **43296** **21413** **53054** **28246**

3) **87071** **29482** **48860** **72458**

4) **63800** **98369** **18981** **99367**

5) **96813** **85433** **30286** **19883**

6) **11750** **73293** **36770** **60536**

7) **18115** **77942** **46448** **87688**

8) **71786** **47649** **83901** **59770**

9) **92967** **68328** **13429** **87056**

10) **28479** **72063** **10244** **27183**

Name ________________ **Date** ___________________

Score ___________________

Underline the largest number from the numbers given below

1)	**34313**	**37077**	**79524**	**14775**
2)	**55328**	**71376**	**57078**	**33923**
3)	**51964**	**22726**	**51988**	**43698**
4)	**11477**	**97868**	**28622**	**38188**
5)	**12049**	**34820**	**48711**	**66342**
6)	**97683**	**73174**	**22074**	**86728**
7)	**87434**	**78378**	**21931**	**35157**
8)	**41773**	**63403**	**41824**	**85903**
9)	**28018**	**67168**	**87356**	**83976**
10)	**49257**	**97144**	**33646**	**47509**

Name ______________ Date ________________

Score ________________

Underline the largest number from the numbers given below

1)	**33404**	**87861**	**73286**	**19482**
2)	**36781**	**73596**	**11304**	**67227**
3)	**98580**	**60448**	**89636**	**24328**
4)	**76174**	**71482**	**28228**	**52604**
5)	**25177**	**15126**	**86746**	**89114**
6)	**56492**	**73921**	**94835**	**62481**
7)	**92924**	**60765**	**88752**	**61649**
8)	**59292**	**78168**	**12448**	**54444**
9)	**26208**	**89872**	**55787**	**64954**
10)	**91084**	**84183**	**69177**	**82853**

Name ________________ Date __________________

Score ___________________

Underline the largest number from the numbers given below

1)	**45740**	**77966**	**83866**	**69845**
2)	**10805**	**50712**	**19860**	**92781**
3)	**84851**	**28978**	**17853**	**58473**
4)	**73575**	**73128**	**21698**	**49976**
5)	**26486**	**99803**	**63437**	**92212**
6)	**75890**	**71821**	**88831**	**49160**
7)	**48907**	**28837**	**41986**	**20022**
8)	**68915**	**49658**	**51727**	**13200**
9)	**95154**	**32115**	**94639**	**83192**
10)	**77503**	**91875**	**61593**	**98735**

Name ________________ Date ___________________

Score ___________________

Underline the largest number from the numbers given below

1)	**46338**	**63690**	**68399**	**58613**
2)	**99654**	**52306**	**97602**	**54717**
3)	**23503**	**78399**	**62119**	**72640**
4)	**37999**	**13908**	**52563**	**79474**
5)	**24136**	**16566**	**51352**	**92302**
6)	**29925**	**29778**	**96236**	**61324**
7)	**74991**	**88164**	**11983**	**59844**
8)	**92245**	**65126**	**14345**	**13016**
9)	**55646**	**87238**	**77215**	**45290**
10)	**42041**	**94126**	**24346**	**82144**

Name ________________ Date ___________________

Score ___________________

Underline the largest number from the numbers given below

1)	**96512**	**95900**	**30819**	**62664**
2)	**68995**	**28999**	**23507**	**48755**
3)	**12986**	**97807**	**60788**	**22184**
4)	**17678**	**48452**	**47923**	**34588**
5)	**45761**	**33194**	**66474**	**25331**
6)	**49726**	**28517**	**66270**	**36616**
7)	**99090**	**51236**	**42372**	**51308**
8)	**78539**	**11489**	**93640**	**42593**
9)	**38512**	**94426**	**35551**	**34806**
10)	**23181**	**72485**	**20737**	**44311**

Name ________________ Date ___________________

Score ___________________

Underline the largest number from the numbers given below

1)	**59952**	**74819**	**32017**	**78968**
2)	**72998**	**54872**	**16700**	**47864**
3)	**27074**	**14865**	**53157**	**97648**
4)	**39825**	**94055**	**95310**	**66334**
5)	**65509**	**25037**	**21526**	**39735**
6)	**34458**	**30268**	**62808**	**44074**
7)	**56684**	**59082**	**84023**	**36004**
8)	**34661**	**44353**	**46514**	**19272**
9)	**63950**	**43475**	**55611**	**87354**
10)	**84517**	**82807**	**92675**	**39610**

Name ________________ Date ___________________

Score ___________________

Underline the largest number from the numbers given below

1)	**79765**	**20818**	**21859**	**81890**
2)	**18943**	**78011**	**72728**	**61293**
3)	**74630**	**59997**	**51781**	**71882**
4)	**57846**	**28814**	**24133**	**28663**
5)	**37476**	**68894**	**84418**	**75512**
6)	**54163**	**28645**	**21099**	**18221**
7)	**70961**	**78069**	**53862**	**87560**
8)	**53902**	**55535**	**26304**	**62558**
9)	**96665**	**23487**	**94983**	**47621**
10)	**82021**	**41232**	**17665**	**92361**

Name ________________ Date ___________________

Score ___________________

Underline the largest number from the numbers given below

1)	**46144**	**22025**	**80909**	**60797**
2)	**99246**	**79060**	**22982**	**69588**
3)	**65236**	**68580**	**52791**	**53033**
4)	**85286**	**80147**	**43420**	**25543**
5)	**66505**	**86795**	**89942**	**67533**
6)	**44637**	**20638**	**44779**	**18296**
7)	**64223**	**91911**	**87929**	**57452**
8)	**63159**	**63279**	**41853**	**94400**
9)	**15121**	**92109**	**10256**	**96129**
10)	**15405**	**83070**	**77039**	**80639**

Name ________________ Date ___________________

Score ___________________

Underline the largest number from the numbers given below

1)	**24888**	**93861**	**91260**	**66896**
2)	**54361**	**87366**	**67671**	**98603**
3)	**27957**	**85516**	**46608**	**72155**
4)	**93654**	**57935**	**19252**	**99132**
5)	**99751**	**96523**	**22951**	**32037**
6)	**89779**	**78411**	**13667**	**71163**
7)	**58722**	**41755**	**12391**	**95530**
8)	**17012**	**45121**	**86209**	**26882**
9)	**31141**	**36101**	**29214**	**62098**
10)	**88642**	**49954**	**39030**	**89826**

Name ______________ Date ________________

Score ________________

Underline the largest number from the numbers given below

1)	**41974**	**56426**	**53667**	**74696**
2)	**23998**	**94277**	**54609**	**79854**
3)	**21609**	**42337**	**87037**	**56475**
4)	**81499**	**85414**	**45890**	**80649**
5)	**67122**	**43769**	**43235**	**77331**
6)	**30119**	**33826**	**70708**	**29331**
7)	**43283**	**88878**	**60729**	**43567**
8)	**40860**	**35230**	**97259**	**53785**
9)	**12412**	**85835**	**22823**	**75882**
10)	**62111**	**42821**	**38916**	**19059**

Name ________________ Date __________________

Score __________________

Underline the largest number from the numbers given below

1)	**11951**	**78041**	**73444**	**91776**
2)	**99401**	**33302**	**14088**	**67668**
3)	**46068**	**71068**	**89303**	**57387**
4)	**89295**	**90955**	**75853**	**40570**
5)	**94162**	**66765**	**53327**	**13355**
6)	**37071**	**30636**	**41042**	**70446**
7)	**76457**	**19412**	**14250**	**22545**
8)	**88168**	**10965**	**70527**	**84054**
9)	**24097**	**13967**	**19590**	**28549**
10)	**30287**	**31814**	**73825**	**14007**

Name ________________ Date ___________________

Score ___________________

Underline the largest number from the numbers given below

1)	**33477**	**68652**	**58041**	**90807**
2)	**69144**	**61356**	**98870**	**85727**
3)	**49978**	**16579**	**81575**	**58565**
4)	**97260**	**51557**	**67859**	**13788**
5)	**33498**	**14454**	**65241**	**92672**
6)	**53637**	**96137**	**30270**	**69600**
7)	**52178**	**60914**	**53103**	**79514**
8)	**53231**	**29820**	**49670**	**40276**
9)	**58325**	**34024**	**67400**	**96082**
10)	**28586**	**45962**	**43663**	**90616**

Name ________________ Date ___________________

Score ___________________

Underline the largest number from the numbers given below

1)	**61485**	**32593**	**40875**	**57203**
2)	**53380**	**55332**	**47799**	**34838**
3)	**85030**	**77069**	**99960**	**24838**
4)	**19491**	**13669**	**79156**	**76268**
5)	**47398**	**92224**	**53258**	**66207**
6)	**30562**	**53998**	**64979**	**39478**
7)	**72817**	**81625**	**44620**	**36001**
8)	**12193**	**67931**	**45561**	**57754**
9)	**38891**	**69438**	**71420**	**50451**
10)	**67202**	**38869**	**21724**	**37110**

Name ________________ Date ___________________

Score ___________________

Underline the largest number from the numbers given below

1)	**83668**	**46162**	**87503**	**48362**
2)	**45224**	**27268**	**87824**	**76007**
3)	**95285**	**37740**	**76816**	**64434**
4)	**28756**	**69555**	**81205**	**20630**
5)	**32053**	**64809**	**81471**	**81307**
6)	**41381**	**44789**	**92153**	**31124**
7)	**37952**	**26177**	**41518**	**23042**
8)	**79056**	**31329**	**81281**	**98987**
9)	**26078**	**35915**	**97450**	**24046**
10)	**15732**	**58843**	**87593**	**35115**

Name ________________ Date ___________________

Score ___________________

Underline the largest number from the numbers given below

1)	**40799**	**96556**	**39171**	**66219**
2)	**42979**	**60916**	**28179**	**89485**
3)	**39726**	**19407**	**64343**	**19574**
4)	**89435**	**84465**	**27120**	**99918**
5)	**84975**	**12124**	**76889**	**54350**
6)	**51500**	**24005**	**82681**	**17721**
7)	**38651**	**21241**	**46205**	**58358**
8)	**32417**	**28605**	**67279**	**99399**
9)	**80017**	**38040**	**59660**	**19994**
10)	**86168**	**20311**	**95704**	**17807**

Name ________________ Date ___________________

Score ___________________

Underline the largest number from the numbers given below

1)	**85686**	**23365**	**61190**	**19509**
2)	**37925**	**33871**	**85906**	**38816**
3)	**81685**	**62255**	**55162**	**16394**
4)	**21985**	**70806**	**26266**	**17235**
5)	**65727**	**56934**	**10551**	**35690**
6)	**19942**	**73117**	**17593**	**36809**
7)	**58253**	**73524**	**24402**	**96777**
8)	**46166**	**91126**	**55065**	**33454**
9)	**76149**	**39628**	**71315**	**60845**
10)	**27370**	**11649**	**41703**	**11511**

Name ________________ Date ___________________

Score ___________________

Underline the largest number from the numbers given below

1)	**96170**	**11012**	**38335**	**43052**
2)	**47033**	**63083**	**34140**	**44728**
3)	**50862**	**79949**	**75024**	**53072**
4)	**51406**	**22314**	**12848**	**68579**
5)	**93439**	**52631**	**94557**	**34444**
6)	**41026**	**69818**	**21980**	**44901**
7)	**29813**	**90188**	**96402**	**84280**
8)	**87416**	**29593**	**44876**	**20547**
9)	**86503**	**23125**	**94791**	**31087**
10)	**32283**	**96111**	**94900**	**40184**

Name ______________ Date ________________

Score ________________

Underline the largest number from the numbers given below

1)	**59338**	**63203**	**52850**	**88728**
2)	**78057**	**41064**	**56227**	**23018**
3)	**61482**	**91453**	**12494**	**24983**
4)	**83360**	**95058**	**62509**	**68915**
5)	**32883**	**40348**	**88287**	**37041**
6)	**41552**	**42040**	**82844**	**82301**
7)	**12766**	**65134**	**94316**	**10059**
8)	**59538**	**68488**	**19100**	**21477**
9)	**78293**	**92811**	**97033**	**15635**
10)	**62710**	**97622**	**37627**	**54569**

Name ________________ Date ___________________

Score ___________________

Underline the largest number from the numbers given below

1)	**40748**	**79455**	**38112**	**29577**
2)	**62148**	**94472**	**58465**	**58684**
3)	**28717**	**51984**	**26473**	**24519**
4)	**17428**	**75179**	**48069**	**69540**
5)	**98079**	**54153**	**73748**	**94616**
6)	**83766**	**60382**	**34485**	**20007**
7)	**77733**	**91041**	**84933**	**22646**
8)	**53565**	**30908**	**40391**	**81744**
9)	**87890**	**69768**	**10337**	**22003**
10)	**61167**	**39665**	**99271**	**59757**

Name ________________ Date ___________________

Score ___________________

Underline the largest number from the numbers given below

1)	**67398**	**21751**	**32870**	**15361**
2)	**48067**	**66853**	**66772**	**94419**
3)	**26498**	**22419**	**37343**	**20461**
4)	**45913**	**26802**	**57779**	**80365**
5)	**23990**	**86265**	**98503**	**51813**
6)	**57991**	**43928**	**84588**	**36348**
7)	**24632**	**47791**	**49016**	**21041**
8)	**43787**	**20304**	**89965**	**21674**
9)	**53492**	**41213**	**92304**	**68626**
10)	**45768**	**69542**	**54347**	**92875**

Name ________________ Date __________________

Score __________________

Underline the largest number from the numbers given below

1)	**15087**	**90224**	**18920**	**51778**
2)	**41391**	**48375**	**80899**	**23739**
3)	**61688**	**75504**	**21452**	**99446**
4)	**97733**	**98957**	**61990**	**89486**
5)	**10481**	**96190**	**18912**	**55946**
6)	**73122**	**28362**	**29678**	**86355**
7)	**92235**	**38433**	**56234**	**71238**
8)	**24855**	**15923**	**97116**	**54860**
9)	**59186**	**62192**	**77951**	**61455**
10)	**44003**	**67077**	**23185**	**60484**

Name ________________ Date ___________________

Score ___________________

Underline the largest number from the numbers given below

1)	**64227**	**19313**	**13545**	**97414**
2)	**85564**	**80880**	**91341**	**86411**
3)	**18808**	**74762**	**53994**	**31263**
4)	**91505**	**47699**	**77920**	**91657**
5)	**17814**	**96016**	**62438**	**50907**
6)	**21525**	**76999**	**25518**	**31425**
7)	**14156**	**83038**	**27866**	**34410**
8)	**87802**	**92408**	**96102**	**10070**
9)	**22690**	**58358**	**36558**	**14991**
10)	**19139**	**90657**	**22938**	**77423**

Name ________________ Date __________________

Score __________________

Underline the largest number from the numbers given below

1)	**21365**	**77026**	**21541**	**83101**
2)	**53262**	**60649**	**37541**	**51652**
3)	**48582**	**97644**	**96608**	**55909**
4)	**19758**	**85425**	**17400**	**33827**
5)	**75840**	**98854**	**77376**	**13391**
6)	**96436**	**67635**	**52977**	**23777**
7)	**36575**	**32851**	**69724**	**37537**
8)	**17244**	**16904**	**47904**	**27311**
9)	**24241**	**99426**	**18361**	**42484**
10)	**73000**	**90359**	**85030**	**68385**

Name ________________ Date ___________________

Score ___________________

Underline the largest number from the numbers given below

1)	**73449**	**62783**	**86705**	**79072**
2)	**73630**	**73395**	**45736**	**92892**
3)	**58827**	**34313**	**37742**	**50009**
4)	**20290**	**41759**	**57243**	**58070**
5)	**63249**	**77964**	**92206**	**77659**
6)	**39840**	**24429**	**67671**	**26201**
7)	**15200**	**62702**	**82740**	**72247**
8)	**79892**	**95037**	**33335**	**36586**
9)	**13666**	**16735**	**84155**	**21292**
10)	**30712**	**64227**	**37963**	**22617**

Name ________________ Date ___________________

Score ___________________

Underline the largest number from the numbers given below

1)	**49633**	**37532**	**58680**	**99286**
2)	**30907**	**99386**	**24937**	**26063**
3)	**33773**	**78945**	**97695**	**78771**
4)	**79889**	**46287**	**57765**	**80618**
5)	**60262**	**57012**	**95205**	**98660**
6)	**27053**	**83202**	**56917**	**72444**
7)	**31114**	**59516**	**98476**	**57488**
8)	**83563**	**41412**	**47096**	**28226**
9)	**29217**	**14492**	**42614**	**84468**
10)	**63031**	**17709**	**56307**	**99431**

Name ________________ Date ___________________

Score ___________________

Underline the largest number from the numbers given below

1)	**54700**	**41133**	**14735**	**88593**
2)	**25305**	**32913**	**31806**	**30371**
3)	**32769**	**38931**	**85355**	**23576**
4)	**87116**	**25677**	**26498**	**16324**
5)	**77281**	**86892**	**17631**	**81360**
6)	**85145**	**57616**	**60580**	**60774**
7)	**98447**	**56400**	**87566**	**58268**
8)	**27229**	**63776**	**51405**	**23901**
9)	**85735**	**35801**	**90787**	**93358**
10)	**38973**	**42833**	**16346**	**80236**

Name ________________ Date ___________________

Score ___________________

Underline the largest number from the numbers given below

1)	**48179**	**37978**	**16125**	**36067**
2)	**86331**	**25296**	**43758**	**26512**
3)	**78609**	**27148**	**44642**	**35937**
4)	**83847**	**72548**	**19207**	**65020**
5)	**82623**	**90930**	**52152**	**30512**
6)	**89587**	**57597**	**26451**	**58578**
7)	**57092**	**26699**	**89774**	**75448**
8)	**55809**	**64037**	**96597**	**22991**
9)	**93973**	**55658**	**47950**	**44336**
10)	**93294**	**85766**	**34885**	**25517**

Name ________________ Date ___________________

Score ___________________

Underline the largest number from the numbers given below

1)	**16091**	**98475**	**38302**	**12611**
2)	**41281**	**71895**	**61266**	**48962**
3)	**52266**	**10261**	**53804**	**53179**
4)	**16382**	**83686**	**46383**	**73812**
5)	**71189**	**33839**	**85151**	**65716**
6)	**54000**	**53237**	**35305**	**52832**
7)	**23920**	**45795**	**85671**	**84465**
8)	**30699**	**16286**	**13738**	**73459**
9)	**91967**	**61715**	**45721**	**34434**
10)	**85350**	**27280**	**85588**	**48535**

Name ________________ Date ___________________

Score ___________________

Underline the largest number from the numbers given below

1)	**17437**	**13778**	**13482**	**73351**
2)	**52041**	**20715**	**77211**	**59398**
3)	**24373**	**31762**	**87225**	**55057**
4)	**20406**	**73460**	**99488**	**43836**
5)	**59679**	**31953**	**21106**	**60158**
6)	**36532**	**46626**	**72176**	**60469**
7)	**55917**	**83448**	**12795**	**67849**
8)	**30508**	**10051**	**30529**	**90003**
9)	**92839**	**71277**	**59111**	**80191**
10)	**50313**	**58456**	**11623**	**35908**

Name ________________ Date ___________________

Score ___________________

Underline the largest number from the numbers given below

1)	**37190**	**12019**	**66833**	**20879**
2)	**56067**	**75763**	**14449**	**43367**
3)	**69687**	**86409**	**97522**	**85628**
4)	**18987**	**56900**	**93011**	**21634**
5)	**75630**	**48079**	**65344**	**35599**
6)	**83504**	**21439**	**87619**	**95771**
7)	**30954**	**72120**	**28483**	**85893**
8)	**33226**	**50503**	**46280**	**68462**
9)	**56917**	**73833**	**31030**	**17631**
10)	**93306**	**27940**	**75120**	**40071**

Name ________________ Date ___________________

Score ___________________

Underline the largest number from the numbers given below

1)	**21659**	**79663**	**74572**	**77336**
2)	**15639**	**35517**	**92782**	**96690**
3)	**62317**	**43757**	**50888**	**57260**
4)	**71227**	**64522**	**21909**	**72330**
5)	**60140**	**17589**	**13265**	**58550**
6)	**82175**	**78471**	**28605**	**27656**
7)	**68058**	**80957**	**98608**	**80494**
8)	**98397**	**36991**	**48008**	**58561**
9)	**36076**	**68919**	**30681**	**27700**
10)	**70016**	**96010**	**57604**	**43667**

Name ________________ Date ___________________

Score ___________________

Underline the largest number from the numbers given below

1)	**42294**	**53083**	**17771**	**39695**
2)	**16401**	**70555**	**24150**	**71030**
3)	**78486**	**31303**	**50291**	**24494**
4)	**74580**	**36522**	**38460**	**48280**
5)	**46915**	**81196**	**13977**	**32491**
6)	**84788**	**70849**	**61644**	**48323**
7)	**13082**	**45734**	**54806**	**14191**
8)	**46416**	**99427**	**14796**	**64089**
9)	**75218**	**26878**	**77244**	**93665**
10)	**62572**	**33461**	**39448**	**55074**

Name ________________ Date __________________

Score __________________

Underline the largest number from the numbers given below

1)	**14804**	**52550**	**56241**	**59179**
2)	**58767**	**36784**	**36478**	**76654**
3)	**40121**	**11192**	**57495**	**91350**
4)	**67369**	**94058**	**61121**	**44423**
5)	**37257**	**39924**	**80977**	**79228**
6)	**35008**	**19433**	**92116**	**55675**
7)	**48422**	**72961**	**94843**	**67724**
8)	**21410**	**63860**	**53231**	**45116**
9)	**84675**	**26947**	**80507**	**28308**
10)	**18376**	**78452**	**57872**	**98324**

Name ________________ Date ___________________

Score ___________________

Underline the largest number from the numbers given below

1)	**11502**	**50366**	**31729**	**55674**
2)	**16520**	**51133**	**99950**	**64239**
3)	**54302**	**68910**	**41408**	**30864**
4)	**21947**	**36009**	**33614**	**26724**
5)	**62068**	**13894**	**20753**	**86316**
6)	**98005**	**81677**	**65019**	**16294**
7)	**29201**	**79319**	**26488**	**57154**
8)	**63795**	**54805**	**69881**	**67511**
9)	**27692**	**85421**	**47037**	**58340**
10)	**87093**	**53793**	**82579**	**16223**

Name ________________ Date ___________________

Score ___________________

Underline the largest number from the numbers given below

1)	**64708**	**78454**	**22113**	**39861**
2)	**35976**	**24671**	**92358**	**16707**
3)	**64605**	**70987**	**42307**	**13555**
4)	**35606**	**58073**	**28407**	**24711**
5)	**86300**	**54450**	**81789**	**83451**
6)	**12729**	**26058**	**67097**	**96246**
7)	**61208**	**47971**	**87800**	**45859**
8)	**22508**	**52209**	**77207**	**58824**
9)	**48311**	**60823**	**61182**	**92935**
10)	**49532**	**47427**	**28958**	**36890**

Name ________________ Date ___________________

Score ___________________

Underline the largest number from the numbers given below

1)	**34406**	**72043**	**67559**	**95334**
2)	**26027**	**61894**	**18694**	**47814**
3)	**89983**	**70104**	**86392**	**72308**
4)	**24730**	**57695**	**35843**	**50587**
5)	**85190**	**16044**	**18437**	**63261**
6)	**92274**	**40174**	**93361**	**31794**
7)	**14220**	**77130**	**18687**	**31379**
8)	**80630**	**63246**	**57481**	**76170**
9)	**35493**	**56707**	**66463**	**63191**
10)	**66744**	**49504**	**89551**	**68574**

Name ________________ Date __________________

Score ___________________

Underline the largest number from the numbers given below

1)	**90423**	**23923**	**65599**	**51106**
2)	**13255**	**70837**	**60419**	**81531**
3)	**38889**	**13077**	**41137**	**57190**
4)	**22067**	**14796**	**62291**	**58193**
5)	**46100**	**47314**	**14672**	**28872**
6)	**78577**	**61885**	**40293**	**44630**
7)	**43488**	**67903**	**64897**	**86398**
8)	**84176**	**56085**	**68282**	**20237**
9)	**63790**	**68611**	**81561**	**99364**
10)	**27257**	**98762**	**59428**	**79433**

Name _______________ Date __________________

Score __________________

Underline the largest number from the numbers given below

1)	**95999**	**10304**	**46185**	**58130**
2)	**79036**	**44715**	**40141**	**35658**
3)	**38106**	**78022**	**79759**	**94825**
4)	**19174**	**50204**	**60976**	**69468**
5)	**23250**	**43836**	**86257**	**71010**
6)	**19523**	**95577**	**57490**	**42735**
7)	**96111**	**93583**	**30585**	**50759**
8)	**24384**	**68627**	**55645**	**21312**
9)	**69824**	**41313**	**73338**	**80596**
10)	**93921**	**44623**	**64186**	**98667**

Name ________________ Date __________________

Score __________________

Underline the largest number from the numbers given below

1)	**80373**	**79785**	**35180**	**88770**
2)	**31972**	**94872**	**87257**	**50108**
3)	**52667**	**64313**	**22262**	**16130**
4)	**48932**	**78420**	**97453**	**55719**
5)	**15006**	**57631**	**78180**	**55883**
6)	**42843**	**56190**	**86770**	**48049**
7)	**22091**	**16411**	**99174**	**97657**
8)	**27241**	**49655**	**58427**	**15005**
9)	**86444**	**17517**	**80974**	**49883**
10)	**27519**	**16628**	**57335**	**28081**

Name ________________ Date ___________________

Score ___________________

Underline the largest number from the numbers given below

1)	**67624**	**76864**	**26244**	**39966**
2)	**93327**	**35817**	**11541**	**17489**
3)	**53562**	**25062**	**38998**	**69994**
4)	**65207**	**57075**	**99166**	**14592**
5)	**85395**	**85576**	**10807**	**76438**
6)	**98500**	**46412**	**74059**	**43489**
7)	**37907**	**10939**	**94361**	**85290**
8)	**33107**	**87106**	**36518**	**73911**
9)	**25919**	**42962**	**76240**	**97174**
10)	**64229**	**28063**	**50501**	**44851**

Name ________________ Date ___________________

Score ___________________

Underline the largest number from the numbers given below

1)	**11936**	**39437**	**69521**	**95585**
2)	**14919**	**27199**	**62636**	**47962**
3)	**65817**	**10529**	**44064**	**89182**
4)	**38407**	**94051**	**15934**	**74062**
5)	**90989**	**28695**	**12795**	**61309**
6)	**20318**	**72851**	**35541**	**22152**
7)	**32365**	**94257**	**96304**	**48804**
8)	**88844**	**66632**	**16060**	**29397**
9)	**56716**	**53524**	**93526**	**95636**
10)	**69017**	**23742**	**95672**	**92101**

Name ________________ Date ___________________

Score ___________________

Underline the largest number from the numbers given below

1)	**76215**	**53319**	**38681**	**77757**
2)	**83362**	**28212**	**34239**	**51947**
3)	**87563**	**27232**	**98070**	**89347**
4)	**92271**	**75237**	**86363**	**75306**
5)	**76803**	**79603**	**50874**	**50658**
6)	**40950**	**22917**	**60798**	**25742**
7)	**35371**	**95423**	**76898**	**42703**
8)	**76786**	**12719**	**33086**	**83906**
9)	**11129**	**46756**	**33528**	**19015**
10)	**97076**	**14038**	**15060**	**34320**

Name ________________ Date ___________________

Score ___________________

Underline the largest number from the numbers given below

1)	**13490**	**25425**	**70337**	**44952**
2)	**51198**	**26773**	**39321**	**75172**
3)	**91696**	**81617**	**64982**	**88325**
4)	**70591**	**94432**	**68090**	**27887**
5)	**77407**	**62130**	**61325**	**82811**
6)	**51077**	**29649**	**38912**	**59684**
7)	**71345**	**80078**	**19741**	**46092**
8)	**90681**	**12229**	**32620**	**74022**
9)	**92637**	**58044**	**96160**	**15179**
10)	**52494**	**55942**	**56178**	**39448**

Name ________________ Date ___________________

Score ___________________

Underline the largest number from the numbers given below

1)	**50059**	**13589**	**36804**	**73552**
2)	**82947**	**12016**	**22571**	**19612**
3)	**24296**	**15508**	**70859**	**42157**
4)	**65666**	**77165**	**60949**	**49818**
5)	**33693**	**93340**	**80049**	**11356**
6)	**39307**	**95074**	**28070**	**98916**
7)	**70321**	**13112**	**87501**	**26367**
8)	**62737**	**38531**	**20906**	**14509**
9)	**85102**	**30198**	**40673**	**82065**
10)	**42046**	**38061**	**65758**	**87222**

Name ________________ Date __________________

Score __________________

Underline the largest number from the numbers given below

1)	**34255**	**61825**	**93765**	**63318**
2)	**25590**	**74092**	**57878**	**66732**
3)	**10738**	**27080**	**28031**	**96152**
4)	**53302**	**86228**	**47129**	**56371**
5)	**15360**	**62642**	**18755**	**64485**
6)	**25196**	**72335**	**53320**	**94949**
7)	**15609**	**62515**	**57961**	**87010**
8)	**23490**	**18684**	**29173**	**16094**
9)	**65240**	**34112**	**46057**	**60445**
10)	**49983**	**53250**	**12676**	**78291**

Name ________________ Date ___________________

Score ___________________

Underline the largest number from the numbers given below

1)	**47187**	**25896**	**38628**	**32442**
2)	**24592**	**43433**	**28208**	**90293**
3)	**66935**	**99884**	**47038**	**56865**
4)	**48285**	**33966**	**24356**	**48632**
5)	**87706**	**39800**	**16219**	**62547**
6)	**51559**	**32238**	**98925**	**77991**
7)	**82413**	**94253**	**34612**	**63028**
8)	**44156**	**19735**	**40046**	**67276**
9)	**34667**	**87918**	**72664**	**65175**
10)	**99137**	**14217**	**54985**	**87921**

Name ________________ Date __________________

Score __________________

Underline the largest number from the numbers given below

1)	**12570**	**47488**	**50157**	**71117**
2)	**35002**	**23227**	**52216**	**31932**
3)	**40485**	**21284**	**42895**	**33907**
4)	**81153**	**53211**	**46076**	**85828**
5)	**93236**	**72212**	**80928**	**61259**
6)	**32675**	**74689**	**41556**	**38232**
7)	**93044**	**54651**	**65545**	**64245**
8)	**40856**	**50544**	**94440**	**83342**
9)	**20190**	**90615**	**38993**	**63295**
10)	**57683**	**72764**	**21520**	**83133**

Name ________________ Date ___________________

Score ___________________

Underline the largest number from the numbers given below

1)	**90872**	**60750**	**62305**	**93053**
2)	**40551**	**96793**	**29933**	**12381**
3)	**18920**	**26962**	**38887**	**67317**
4)	**75123**	**16746**	**97883**	**53659**
5)	**88625**	**33646**	**99773**	**25759**
6)	**45399**	**67939**	**90511**	**84500**
7)	**78864**	**83267**	**55787**	**27326**
8)	**99024**	**50560**	**76841**	**78390**
9)	**32196**	**80872**	**16289**	**13072**
10)	**58793**	**64699**	**39654**	**27738**

Name ________________ Date __________________

Score ___________________

Underline the largest number from the numbers given below

1)	**81385**	**17677**	**44405**	**55283**
2)	**32468**	**24035**	**36602**	**54822**
3)	**93064**	**89060**	**37701**	**93778**
4)	**39186**	**67774**	**95722**	**47890**
5)	**45098**	**46417**	**70447**	**34767**
6)	**83921**	**85056**	**21204**	**77664**
7)	**23973**	**72761**	**73686**	**94686**
8)	**83120**	**73635**	**39468**	**78568**
9)	**77400**	**60988**	**29691**	**29382**
10)	**70549**	**71367**	**38750**	**54861**

Name ________________ Date ___________________

Score ___________________

Underline the largest number from the numbers given below

1)	**73806**	**93189**	**89272**	**42948**
2)	**74497**	**22411**	**95050**	**64391**
3)	**23290**	**50604**	**38337**	**75692**
4)	**77304**	**40883**	**75908**	**45360**
5)	**36324**	**63120**	**76333**	**48729**
6)	**54142**	**14718**	**49996**	**85116**
7)	**80473**	**43526**	**45204**	**46663**
8)	**76065**	**79604**	**97381**	**28745**
9)	**57887**	**46553**	**80611**	**49802**
10)	**19473**	**69537**	**87390**	**71176**

Name ________________ Date ___________________

Score ___________________

Underline the largest number from the numbers given below

1)	**61286**	**41953**	**17464**	**15109**
2)	**22221**	**18831**	**31652**	**60488**
3)	**61860**	**87545**	**15169**	**57388**
4)	**58990**	**11755**	**64275**	**41880**
5)	**12633**	**95644**	**34793**	**66817**
6)	**21597**	**18863**	**85237**	**28435**
7)	**30035**	**12128**	**74890**	**33684**
8)	**69472**	**79099**	**57748**	**31072**
9)	**79599**	**88309**	**24383**	**66437**
10)	**27133**	**87232**	**27866**	**92281**

Name ________________ Date ___________________

Score ___________________

Underline the largest number from the numbers given below

1)	**15756**	**24965**	**45104**	**48454**
2)	**78884**	**57237**	**94455**	**29383**
3)	**88244**	**69543**	**52443**	**16095**
4)	**59072**	**10562**	**17624**	**68978**
5)	**13117**	**15895**	**78597**	**61091**
6)	**24827**	**70137**	**13562**	**10004**
7)	**92940**	**72770**	**91304**	**56004**
8)	**79794**	**67248**	**88753**	**43999**
9)	**40246**	**31444**	**54579**	**76958**
10)	**90658**	**83167**	**38071**	**29937**

Name ________________ Date ___________________

Score ___________________

Underline the largest number from the numbers given below

1)	**11001**	**74017**	**45303**	**93857**
2)	**82969**	**36192**	**50780**	**18222**
3)	**50066**	**34250**	**85842**	**31664**
4)	**28990**	**50866**	**49158**	**79992**
5)	**99519**	**40013**	**73156**	**60449**
6)	**21615**	**59026**	**79767**	**69412**
7)	**10118**	**22580**	**29123**	**94994**
8)	**69562**	**66127**	**95900**	**39667**
9)	**24774**	**44021**	**87910**	**86608**
10)	**53179**	**78310**	**92051**	**75330**

Name ________________ Date ___________________

Score ___________________

Underline the largest number from the numbers given below

1)	**46495**	**90995**	**41303**	**26259**
2)	**90283**	**67456**	**39052**	**49108**
3)	**97618**	**54562**	**71712**	**63326**
4)	**99141**	**68887**	**32449**	**80498**
5)	**67074**	**62401**	**27022**	**29494**
6)	**44474**	**44240**	**62060**	**30696**
7)	**27374**	**94607**	**24610**	**35585**
8)	**98666**	**47772**	**12553**	**86896**
9)	**88156**	**36548**	**89300**	**60838**
10)	**64289**	**59836**	**87867**	**32936**

Name ________________ Date ___________________

Score ___________________

Underline the largest number from the numbers given below

1)	**23371**	**54234**	**88856**	**19063**
2)	**13503**	**14407**	**26673**	**54521**
3)	**31543**	**31352**	**95315**	**22410**
4)	**63918**	**71197**	**73740**	**57727**
5)	**57296**	**10519**	**35433**	**47775**
6)	**48225**	**11473**	**88369**	**20878**
7)	**18740**	**88193**	**49989**	**21246**
8)	**26139**	**15148**	**63145**	**69170**
9)	**52360**	**33573**	**45804**	**17059**
10)	**82367**	**85440**	**45316**	**99981**

Name ________________ Date ____________________

Score ____________________

Underline the largest number from the numbers given below

1)	**55721**	**58973**	**71379**	**71264**
2)	**86723**	**19324**	**66328**	**44386**
3)	**40400**	**82921**	**39425**	**68770**
4)	**81273**	**43820**	**85052**	**78166**
5)	**79474**	**16695**	**81038**	**41382**
6)	**83772**	**23890**	**95390**	**50781**
7)	**16411**	**64547**	**92576**	**59802**
8)	**39611**	**53483**	**47577**	**11317**
9)	**89403**	**99120**	**45559**	**29682**
10)	**47574**	**75888**	**40686**	**88693**

Name ________________ Date ___________________

Score ___________________

Underline the largest number from the numbers given below

1)	**58864**	**42458**	**91850**	**37440**
2)	**27430**	**46287**	**19472**	**86194**
3)	**93516**	**24692**	**88392**	**73136**
4)	**91540**	**42277**	**29367**	**68395**
5)	**77058**	**80806**	**81232**	**71949**
6)	**40151**	**25346**	**39048**	**71418**
7)	**25217**	**88786**	**82040**	**48707**
8)	**62238**	**41072**	**20251**	**65903**
9)	**20570**	**19292**	**52536**	**43386**
10)	**32641**	**28914**	**43891**	**76174**

Name ________________ Date ___________________

Score ___________________

Underline the largest number from the numbers given below

1)	**25677**	**61765**	**87978**	**57980**
2)	**36283**	**61145**	**65852**	**63510**
3)	**49590**	**63403**	**38418**	**76772**
4)	**46796**	**17802**	**45792**	**74790**
5)	**94262**	**96640**	**32206**	**63826**
6)	**94107**	**28902**	**23137**	**75863**
7)	**27874**	**51922**	**59235**	**81966**
8)	**46245**	**20004**	**45968**	**96890**
9)	**24072**	**11148**	**28340**	**97632**
10)	**28164**	**29555**	**31542**	**65945**

Name ________________ Date __________________

Score __________________

Underline the largest number from the numbers given below

1)	**87477**	**61560**	**37323**	**50220**
2)	**63739**	**32094**	**37970**	**33420**
3)	**24984**	**80186**	**47552**	**61122**
4)	**19365**	**15024**	**63285**	**11769**
5)	**84821**	**21316**	**52602**	**50513**
6)	**96711**	**18564**	**24875**	**40546**
7)	**57291**	**71322**	**35534**	**94383**
8)	**16675**	**50233**	**60708**	**48289**
9)	**40742**	**41965**	**77666**	**66377**
10)	**39840**	**19464**	**34104**	**34676**

Name ________________ Date ___________________

Score ___________________

Underline the largest number from the numbers given below

1)	**99220**	**32479**	**37022**	**68334**
2)	**28861**	**71115**	**39425**	**75499**
3)	**47121**	**40513**	**83935**	**10186**
4)	**64050**	**57244**	**76122**	**35606**
5)	**48490**	**16125**	**10800**	**62465**
6)	**86082**	**27600**	**61305**	**14717**
7)	**49566**	**29778**	**99944**	**14243**
8)	**61561**	**91344**	**92395**	**71360**
9)	**50194**	**87597**	**93249**	**64736**
10)	**30515**	**57016**	**80607**	**83597**

Name ________________ Date __________________

Score ___________________

Underline the largest number from the numbers given below

1)	**59121**	**50020**	**34241**	**96140**
2)	**99711**	**20615**	**89077**	**70431**
3)	**30782**	**35981**	**44010**	**88441**
4)	**71270**	**20536**	**29877**	**96204**
5)	**49366**	**70700**	**33743**	**41223**
6)	**76619**	**44866**	**75876**	**70347**
7)	**45630**	**53052**	**12889**	**27438**
8)	**50249**	**46753**	**90414**	**85860**
9)	**75019**	**92055**	**94375**	**49404**
10)	**49448**	**30983**	**47171**	**20635**

Name ________________ Date ___________________

Score ___________________

Underline the largest number from the numbers given below

1)	**91522**	**81555**	**76694**	**93606**
2)	**14437**	**55471**	**55608**	**60456**
3)	**74093**	**14435**	**91828**	**59619**
4)	**16685**	**76252**	**11169**	**31738**
5)	**72722**	**77853**	**43434**	**64878**
6)	**94016**	**61235**	**84692**	**68672**
7)	**88102**	**35784**	**20505**	**74362**
8)	**51305**	**64963**	**62928**	**49906**
9)	**68650**	**75733**	**49276**	**22585**
10)	**68997**	**89611**	**78586**	**12537**

Name ________________ Date ___________________

Score ___________________

Underline the largest number from the numbers given below

1)	**51191**	**82548**	**34248**	**92950**
2)	**85117**	**16426**	**48767**	**45461**
3)	**99166**	**86762**	**40180**	**66805**
4)	**49538**	**74132**	**58874**	**98641**
5)	**40254**	**32406**	**58872**	**29763**
6)	**84801**	**78011**	**44885**	**96738**
7)	**57983**	**71018**	**85330**	**25227**
8)	**16230**	**15825**	**34214**	**99735**
9)	**61752**	**11039**	**92585**	**69833**
10)	**61645**	**36991**	**69171**	**89866**

Name ________________ Date ___________________

Score ___________________

Underline the largest number from the numbers given below

1)	67819	23269	65724	98803
2)	46198	30100	71098	52695
3)	44564	71407	10092	60329
4)	95518	11310	80916	93471
5)	28556	34634	27184	82185
6)	70501	82615	43913	34336
7)	27613	70594	77244	36371
8)	99988	84670	42572	98587
9)	66542	54215	87795	16453
10)	40754	26365	24231	22138

Name ______________ Date ________________

Score ________________

Underline the largest number from the numbers given below

1)	**78516**	**41456**	**99583**	**72896**
2)	**44264**	**85712**	**26567**	**27028**
3)	**53428**	**47336**	**28588**	**71562**
4)	**23379**	**41413**	**53458**	**58582**
5)	**25192**	**71804**	**75636**	**28073**
6)	**27836**	**54957**	**47458**	**88692**
7)	**16904**	**85924**	**38969**	**29791**
8)	**84861**	**17782**	**63170**	**46218**
9)	**91993**	**44724**	**62609**	**67472**
10)	**64056**	**57925**	**77484**	**44686**

Name ________________ Date ___________________

Score ___________________

Underline the largest number from the numbers given below

1)	**70869**	**99137**	**79675**	**11737**
2)	**65808**	**50612**	**59828**	**16206**
3)	**20682**	**98477**	**72866**	**94011**
4)	**15668**	**47862**	**18259**	**63517**
5)	**26611**	**48983**	**16505**	**41068**
6)	**83537**	**49295**	**42508**	**27494**
7)	**61909**	**31061**	**52336**	**39929**
8)	**30934**	**58266**	**57224**	**41054**
9)	**96155**	**49712**	**30172**	**41932**
10)	**39198**	**60298**	**90440**	**46483**

Name ________________ Date ___________________

Score ___________________

Underline the largest number from the numbers given below

1)	38047	17580	39220	68269
2)	48770	75461	61892	43596
3)	71730	42225	18044	25058
4)	20423	22280	69560	65816
5)	52477	59553	19237	32070
6)	62423	41512	88938	64048
7)	20798	93844	64162	59561
8)	36868	96135	29317	94651
9)	69338	21101	58194	83725
10)	46196	10814	12254	26578

Name ________________ Date ___________________

Score ___________________

Underline the largest number from the numbers given below

1)	**73657**	**81874**	**18010**	**23831**
2)	**57636**	**71832**	**62770**	**74157**
3)	**87622**	**24655**	**76327**	**99273**
4)	**19184**	**79263**	**19965**	**74579**
5)	**70703**	**66270**	**73010**	**59819**
6)	**34812**	**39187**	**21998**	**67937**
7)	**89262**	**17799**	**41999**	**10776**
8)	**36936**	**63065**	**77978**	**24546**
9)	**26224**	**92045**	**30402**	**99012**
10)	**97380**	**55929**	**99230**	**21027**

Name ________________ Date ___________________

Score ___________________

Underline the largest number from the numbers given below

1) 59215 74913 78699 71172

2) 67059 50558 63516 67889

3) 67007 97463 13506 89307

4) 67791 48499 73041 15478

5) 53407 19142 57275 90388

6) 78076 11558 30244 84753

7) 52440 23487 65943 91282

8) 26988 72373 15582 21609

9) 77459 38590 27870 54012

10) 37377 92408 11283 88512

Name ______________ Date ________________

Score ________________

Underline the largest number from the numbers given below

1)	**81703**	**94227**	**75167**	**37512**
2)	**95447**	**68066**	**71845**	**11736**
3)	**62637**	**71694**	**81558**	**91345**
4)	**14777**	**69266**	**73450**	**83985**
5)	**13995**	**28624**	**33780**	**22315**
6)	**38502**	**13887**	**89815**	**55994**
7)	**92273**	**67363**	**16743**	**42563**
8)	**15479**	**10191**	**38943**	**51371**
9)	**30660**	**29639**	**27900**	**48320**
10)	**67466**	**56593**	**37688**	**65768**

Name ________________ Date ___________________

Score ___________________

Underline the largest number from the numbers given below

1)	**56569**	**79751**	**21060**	**61671**
2)	**62316**	**49737**	**22466**	**13791**
3)	**17870**	**51872**	**93204**	**35266**
4)	**12995**	**41216**	**37230**	**34414**
5)	**38000**	**43927**	**64752**	**36948**
6)	**13504**	**77220**	**14014**	**78957**
7)	**54798**	**30881**	**42496**	**64999**
8)	**20646**	**25640**	**43730**	**62401**
9)	**79938**	**19499**	**36717**	**30581**
10)	**49179**	**91708**	**90364**	**55136**

Name ________________ Date ___________________

Score ___________________

Underline the largest number from the numbers given below

1)	**45624**	**43064**	**54120**	**70719**
2)	**71640**	**42300**	**84669**	**63344**
3)	**36779**	**24068**	**99179**	**90039**
4)	**46714**	**17477**	**42410**	**78542**
5)	**11741**	**39717**	**46089**	**59165**
6)	**88158**	**24173**	**32978**	**27617**
7)	**47217**	**79187**	**93803**	**61242**
8)	**14345**	**35024**	**10591**	**22281**
9)	**25308**	**65926**	**98988**	**96394**
10)	**29696**	**72481**	**76121**	**90131**

Name ________________ Date ___________________

Score ___________________

Underline the largest number from the numbers given below

1)	**43339**	**38569**	**93992**	**44577**
2)	**90165**	**75105**	**41410**	**76304**
3)	**70742**	**28061**	**76882**	**80408**
4)	**81191**	**98671**	**72346**	**31115**
5)	**59274**	**24407**	**60608**	**42940**
6)	**64428**	**95986**	**41836**	**13437**
7)	**79607**	**29681**	**41902**	**40258**
8)	**34292**	**22066**	**16293**	**73560**
9)	**87636**	**29691**	**41481**	**34511**
10)	**27552**	**51256**	**61316**	**34394**

Name ________________ Date ___________________

Score ___________________

Underline the largest number from the numbers given below

1)	**85501**	**74802**	**46008**	**66794**
2)	**10085**	**97500**	**98835**	**28525**
3)	**10485**	**52556**	**60956**	**89699**
4)	**62454**	**60948**	**94427**	**21333**
5)	**75516**	**21090**	**82596**	**61437**
6)	**61453**	**21168**	**77180**	**73366**
7)	**94901**	**99638**	**63116**	**99982**
8)	**61763**	**41231**	**46450**	**65184**
9)	**57315**	**44383**	**83872**	**87095**
10)	**67113**	**12457**	**49278**	**97957**

Name ________________ Date ___________________

Score ___________________

Underline the largest number from the numbers given below

1)	**82981**	**60391**	**58679**	**87074**
2)	**94653**	**40822**	**21450**	**39303**
3)	**57894**	**13134**	**13353**	**65592**
4)	**80836**	**91738**	**63621**	**50777**
5)	**71248**	**52911**	**82989**	**69381**
6)	**16976**	**45106**	**71234**	**19996**
7)	**84320**	**68569**	**38006**	**92403**
8)	**82838**	**73951**	**64340**	**40970**
9)	**31422**	**99865**	**11670**	**72683**
10)	**10434**	**37729**	**26618**	**50744**

Name ________________ Date ___________________

Score ___________________

Underline the largest number from the numbers given below

1)	**16006**	**38283**	**18097**	**44890**
2)	**93667**	**53733**	**37988**	**10158**
3)	**14127**	**70393**	**93613**	**25245**
4)	**85190**	**46657**	**65911**	**89490**
5)	**94698**	**59348**	**47815**	**14676**
6)	**39313**	**76705**	**22834**	**85334**
7)	**35854**	**10915**	**56561**	**10518**
8)	**32139**	**66379**	**62872**	**93154**
9)	**61958**	**29692**	**11731**	**95203**
10)	**19441**	**99403**	**82226**	**21332**

Name ________________ Date __________________

Score ___________________

Underline the largest number from the numbers given below

1)	**56549**	**37918**	**61372**	**78114**
2)	**46188**	**90006**	**68449**	**16906**
3)	**88213**	**35946**	**68422**	**34344**
4)	**20045**	**76027**	**67490**	**48260**
5)	**35950**	**30787**	**23739**	**68623**
6)	**53587**	**91836**	**96837**	**41442**
7)	**74198**	**10401**	**29642**	**28210**
8)	**83546**	**45984**	**21536**	**34175**
9)	**70791**	**44302**	**95972**	**39051**
10)	**70881**	**52568**	**63363**	**57312**

Name ________________ Date ___________________

Score ___________________

Underline the largest number from the numbers given below

1)	**98243**	**72120**	**42348**	**74075**
2)	**63973**	**77769**	**11410**	**50882**
3)	**96834**	**35203**	**22262**	**81303**
4)	**90847**	**73020**	**46304**	**58421**
5)	**16221**	**43580**	**93277**	**45322**
6)	**45204**	**94027**	**50684**	**73684**
7)	**84800**	**71279**	**28032**	**53299**
8)	**40106**	**24923**	**98506**	**62036**
9)	**19699**	**12631**	**54897**	**30044**
10)	**22891**	**86461**	**93581**	**64441**

Name _______________ **Date** _________________

Score __________________

Underline the largest number from the numbers given below

1)	**75554**	**84420**	**24547**	**55728**
2)	**68400**	**71012**	**87584**	**95561**
3)	**56461**	**63806**	**63538**	**29385**
4)	**49923**	**70452**	**11681**	**21934**
5)	**16186**	**50964**	**27491**	**77174**
6)	**39472**	**55840**	**38871**	**25219**
7)	**39354**	**94456**	**23956**	**92169**
8)	**76063**	**92387**	**10066**	**66298**
9)	**76287**	**38918**	**86709**	**65281**
10)	**18847**	**70044**	**62056**	**64643**

Name ________________ Date ____________________

Score ___________________

Underline the largest number from the numbers given below

1)	**36667**	**84237**	**52136**	**71935**
2)	**61453**	**15596**	**12914**	**25587**
3)	**18193**	**53040**	**21701**	**63004**
4)	**94448**	**22889**	**39966**	**32035**
5)	**29053**	**78420**	**60960**	**87347**
6)	**28297**	**99008**	**42718**	**31030**
7)	**83296**	**33076**	**12610**	**59964**
8)	**91899**	**95722**	**30090**	**94747**
9)	**83725**	**26128**	**14229**	**38394**
10)	**83577**	**40996**	**40175**	**48994**

Name ________________ Date __________________

Score __________________

Underline the largest number from the numbers given below

1)	**22603**	**57440**	**91514**	**12363**
2)	**94208**	**24513**	**29039**	**22292**
3)	**13146**	**36532**	**47329**	**59284**
4)	**34754**	**48818**	**40704**	**69599**
5)	**52612**	**12693**	**24727**	**58810**
6)	**11170**	**95362**	**23965**	**89401**
7)	**21114**	**68507**	**20340**	**65723**
8)	**85479**	**90505**	**19408**	**61978**
9)	**85347**	**21591**	**86778**	**14263**
10)	**84119**	**71456**	**69133**	**99880**

Name ________________ Date ___________________

Score ___________________

Underline the largest number from the numbers given below

1)	**44087**	**60194**	**49646**	**37469**
2)	**11446**	**73709**	**67504**	**14962**
3)	**29148**	**98635**	**17031**	**81408**
4)	**39853**	**30678**	**92520**	**74778**
5)	**15140**	**81545**	**79712**	**25037**
6)	**62535**	**34519**	**85976**	**80829**
7)	**35663**	**79785**	**72526**	**12454**
8)	**91866**	**48374**	**78117**	**98942**
9)	**69406**	**43276**	**18274**	**92820**
10)	**72609**	**52262**	**37855**	**55512**

Name ________________ Date ___________________

Score ___________________

Underline the largest number from the numbers given below

1)	**83225**	**54244**	**38059**	**53574**
2)	**51159**	**24909**	**98967**	**69792**
3)	**96935**	**57390**	**47248**	**46280**
4)	**60819**	**72498**	**10094**	**41497**
5)	**60474**	**40477**	**79708**	**18422**
6)	**76436**	**26942**	**32291**	**71932**
7)	**82555**	**82593**	**20582**	**22525**
8)	**93464**	**15063**	**19592**	**49045**
9)	**87793**	**91538**	**11749**	**51322**
10)	**32135**	**52884**	**84849**	**95129**

Name ________________ Date ___________________

Score ___________________

Underline the largest number from the numbers given below

1)	**81934**	**88019**	**67865**	**26108**
2)	**94285**	**25431**	**35452**	**58756**
3)	**92652**	**24913**	**85316**	**38449**
4)	**57716**	**36257**	**55805**	**64359**
5)	**49977**	**78983**	**95424**	**21861**
6)	**77450**	**17113**	**63607**	**48509**
7)	**76915**	**95973**	**24714**	**72032**
8)	**36153**	**57051**	**18337**	**16668**
9)	**58750**	**77530**	**43084**	**48690**
10)	**14597**	**82746**	**56688**	**98550**

Name ________________ Date __________________

Score __________________

Underline the largest number from the numbers given below

1)	**47215**	**79919**	**68829**	**19865**
2)	**23183**	**24002**	**96486**	**52361**
3)	**87511**	**88572**	**27454**	**66636**
4)	**93673**	**85399**	**89243**	**20519**
5)	**51566**	**26467**	**42992**	**32578**
6)	**39071**	**50951**	**98866**	**85299**
7)	**15765**	**99219**	**98517**	**88253**
8)	**45698**	**66158**	**53720**	**87004**
9)	**61986**	**54575**	**12889**	**99992**
10)	**99550**	**17922**	**58281**	**78602**

Name ________________ Date ___________________

Score ___________________

Underline the largest number from the numbers given below

1)	**58012**	**96495**	**71633**	**23925**
2)	**84434**	**89224**	**86261**	**42159**
3)	**49604**	**53962**	**46880**	**22469**
4)	**63506**	**12020**	**43710**	**88822**
5)	**60260**	**32920**	**25801**	**60926**
6)	**11225**	**55529**	**81045**	**74754**
7)	**96489**	**56135**	**15353**	**65731**
8)	**30752**	**59420**	**56166**	**31294**
9)	**28491**	**77121**	**56943**	**96789**
10)	**91340**	**99599**	**26520**	**62598**

Name ________________ Date __________________

Score ___________________

Underline the largest number from the numbers given below

1)	**96900**	**21984**	**74009**	**84429**
2)	**84401**	**51712**	**46066**	**16508**
3)	**71036**	**43797**	**41886**	**19778**
4)	**17577**	**98180**	**37867**	**42504**
5)	**77986**	**95479**	**12700**	**87356**
6)	**94092**	**71129**	**99591**	**99723**
7)	**42749**	**50431**	**14683**	**96526**
8)	**79946**	**65137**	**19747**	**81530**
9)	**53649**	**61775**	**51847**	**14791**
10)	**41783**	**89100**	**20756**	**15725**

Name ________________ Date ___________________

Score ___________________

Underline the largest number from the numbers given below

1)	**59018**	**87204**	**27033**	**32409**
2)	**42714**	**23443**	**22146**	**73052**
3)	**88613**	**10281**	**19210**	**70701**
4)	**62479**	**95554**	**46465**	**92692**
5)	**89815**	**57427**	**74555**	**27116**
6)	**88721**	**35094**	**59943**	**50515**
7)	**67049**	**16297**	**98797**	**74724**
8)	**86682**	**85349**	**62547**	**91184**
9)	**89116**	**20339**	**97731**	**32272**
10)	**91204**	**14643**	**33968**	**70879**

Name ________________ Date ____________________

Score ____________________

Underline the largest number from the numbers given below

1)	**82712**	**85257**	**51470**	**33662**
2)	**14384**	**87887**	**46797**	**26140**
3)	**61282**	**73276**	**61441**	**83463**
4)	**84538**	**52310**	**91819**	**15279**
5)	**46321**	**69672**	**12237**	**62429**
6)	**58272**	**13060**	**21492**	**88867**
7)	**70022**	**67469**	**15337**	**39680**
8)	**50445**	**61187**	**99854**	**40733**
9)	**13356**	**25573**	**43776**	**61727**
10)	**62648**	**78337**	**59862**	**97873**

Name ________________ Date ___________________

Score ___________________

Underline the largest number from the numbers given below

1)	**40240**	**62380**	**47563**	**43849**
2)	**41154**	**85525**	**92635**	**61452**
3)	**10979**	**52847**	**38173**	**52077**
4)	**69460**	**93314**	**67059**	**74745**
5)	**47760**	**90556**	**10089**	**11843**
6)	**72096**	**20112**	**77474**	**57905**
7)	**41631**	**98142**	**10688**	**18307**
8)	**75872**	**44045**	**99159**	**47595**
9)	**21567**	**65907**	**44964**	**71647**
10)	**30246**	**10249**	**26381**	**99179**

Name ________________ Date __________________

Score ___________________

Underline the largest number from the numbers given below

1)	**12382**	**76198**	**86651**	**84577**
2)	**28496**	**43846**	**88054**	**19902**
3)	**10520**	**57712**	**99991**	**50256**
4)	**60854**	**31096**	**51644**	**93406**
5)	**76569**	**31159**	**97349**	**74557**
6)	**89027**	**66798**	**16968**	**30837**
7)	**17494**	**46074**	**84612**	**93454**
8)	**79664**	**71467**	**14349**	**94138**
9)	**29835**	**44793**	**22690**	**84258**
10)	**42393**	**56147**	**62972**	**61038**

Name ________________ Date ___________________

Score ___________________

Underline the largest number from the numbers given below

1)	**46900**	**19888**	**40091**	**43352**
2)	**69470**	**63122**	**71327**	**18278**
3)	**76237**	**70473**	**51407**	**67330**
4)	**45071**	**71604**	**53493**	**94912**
5)	**16330**	**59345**	**56817**	**46779**
6)	**71199**	**81612**	**21737**	**91651**
7)	**51399**	**70832**	**62383**	**57735**
8)	**28772**	**69144**	**80440**	**11866**
9)	**85116**	**74253**	**17449**	**59576**
10)	**27650**	**69598**	**46193**	**26245**

Name ________________ Date __________________

Score __________________

Underline the largest number from the numbers given below

1)	**57061**	**11689**	**24851**	**90509**
2)	**27626**	**49439**	**24483**	**38991**
3)	**80093**	**37704**	**59682**	**19714**
4)	**45612**	**53987**	**70655**	**13027**
5)	**98451**	**30595**	**25148**	**64451**
6)	**36555**	**75555**	**12982**	**87629**
7)	**22778**	**13880**	**47046**	**78237**
8)	**88499**	**49773**	**79135**	**66735**
9)	**97247**	**94860**	**70684**	**46092**
10)	**68622**	**67252**	**42582**	**25481**

Name _______________ Date __________________

Score __________________

Underline the largest number from the numbers given below

1)	**44084**	**67469**	**61284**	**72057**
2)	**66075**	**25190**	**47012**	**31349**
3)	**78854**	**66521**	**28038**	**85147**
4)	**15010**	**75623**	**25369**	**19258**
5)	**26645**	**64258**	**17344**	**73615**
6)	**50386**	**28664**	**31102**	**70725**
7)	**67865**	**95132**	**91353**	**11087**
8)	**69731**	**22667**	**76137**	**36062**
9)	**86069**	**56599**	**59850**	**15876**
10)	**58664**	**34606**	**57000**	**99823**

Name ________________ Date __________________

Score ___________________

Underline the largest number from the numbers given below

1)	**23605**	**54124**	**57784**	**57236**
2)	**22632**	**53791**	**56531**	**83348**
3)	**88692**	**83291**	**74302**	**79411**
4)	**94981**	**99398**	**41753**	**99301**
5)	**38337**	**32073**	**66243**	**76715**
6)	**99361**	**85281**	**91476**	**12738**
7)	**96767**	**11481**	**59267**	**68277**
8)	**25040**	**75072**	**56282**	**41874**
9)	**22054**	**12116**	**20197**	**37171**
10)	**84692**	**46259**	**36719**	**13617**

Name ________________ Date ___________________

Score ___________________

Underline the largest number from the numbers given below

1)	**62300**	**91766**	**40397**	**87589**
2)	**43550**	**83892**	**68532**	**34032**
3)	**57338**	**44838**	**25790**	**84257**
4)	**79168**	**88486**	**60673**	**25905**
5)	**32405**	**35709**	**73571**	**90794**
6)	**96844**	**36474**	**47763**	**61540**
7)	**30958**	**92908**	**15010**	**12045**
8)	**95072**	**31621**	**13469**	**35592**
9)	**66790**	**97693**	**12459**	**15691**
10)	**55151**	**35173**	**51591**	**83156**

Name ________________ Date ___________________

Score ___________________

Underline the largest number from the numbers given below

1)	**66295**	**19733**	**23925**	**61615**
2)	**80703**	**49501**	**25363**	**42589**
3)	**60736**	**24093**	**83618**	**99683**
4)	**85952**	**56747**	**10031**	**30458**
5)	**78655**	**92491**	**94716**	**35634**
6)	**80725**	**66493**	**12371**	**53454**
7)	**61418**	**81560**	**51558**	**48339**
8)	**70608**	**49043**	**37255**	**15145**
9)	**35450**	**64545**	**33925**	**77240**
10)	**12343**	**54986**	**93669**	**43686**

Name ________________ Date ___________________

Score ___________________

Underline the largest number from the numbers given below

1)	**79760**	**59510**	**23138**	**84314**
2)	**28475**	**61948**	**38995**	**46890**
3)	**13058**	**74634**	**91632**	**99234**
4)	**22405**	**73668**	**81976**	**58641**
5)	**60693**	**12623**	**56267**	**40934**
6)	**86783**	**77281**	**76777**	**42080**
7)	**82467**	**49463**	**70899**	**90359**
8)	**82943**	**40953**	**24577**	**78849**
9)	**98184**	**76964**	**51625**	**67384**
10)	**44069**	**22475**	**65934**	**76391**

Name ________________ Date ___________________

Score ___________________

Underline the largest number from the numbers given below

1)	**93064**	**96718**	**20736**	**27563**
2)	**69882**	**72545**	**35113**	**45346**
3)	**30472**	**89252**	**58647**	**22679**
4)	**38859**	**82358**	**61487**	**37049**
5)	**11617**	**41680**	**51554**	**68668**
6)	**52005**	**43262**	**74226**	**95243**
7)	**93896**	**43844**	**97800**	**22910**
8)	**40424**	**80310**	**30000**	**65277**
9)	**99095**	**72999**	**44087**	**26342**
10)	**25988**	**26984**	**86496**	**61971**

Name ________________ Date ___________________

Score ___________________

Underline the largest number from the numbers given below

1)	**45378**	**67431**	**80963**	**19061**
2)	**97399**	**71021**	**14156**	**51231**
3)	**81853**	**97725**	**50798**	**14018**
4)	**90356**	**82671**	**59663**	**73741**
5)	**16715**	**99346**	**95941**	**27856**
6)	**44520**	**60046**	**93573**	**40432**
7)	**49924**	**35995**	**81156**	**30019**
8)	**35547**	**17865**	**14385**	**17020**
9)	**81791**	**89290**	**92430**	**98283**
10)	**67757**	**12348**	**44261**	**22693**

Name ________________ Date ___________________

Score ___________________

Underline the largest number from the numbers given below

1)	**69396**	**41884**	**92238**	**58237**
2)	**81349**	**41021**	**60268**	**13764**
3)	**39005**	**90844**	**12274**	**75925**
4)	**28526**	**49424**	**52964**	**40704**
5)	**43048**	**83081**	**63401**	**40273**
6)	**83089**	**53199**	**95948**	**75192**
7)	**65992**	**32612**	**15813**	**76005**
8)	**21473**	**56552**	**70080**	**34620**
9)	**41418**	**11109**	**81522**	**79870**
10)	**33535**	**68826**	**78914**	**80414**

Name ________________ Date ___________________

Score ___________________

Underline the largest number from the numbers given below

1)	**57598**	**71327**	**80789**	**65511**
2)	**79440**	**29268**	**17365**	**63140**
3)	**65823**	**75705**	**89287**	**22870**
4)	**36375**	**93761**	**84322**	**81213**
5)	**76754**	**18094**	**69820**	**73716**
6)	**16351**	**95660**	**68253**	**43738**
7)	**33829**	**10213**	**67023**	**31294**
8)	**22472**	**16402**	**31046**	**37743**
9)	**65811**	**35675**	**20577**	**24540**
10)	**86864**	**88573**	**86934**	**10769**

Name ________________ Date ___________________

Score ___________________

Underline the largest number from the numbers given below

1)	**79193**	**65297**	**27021**	**23450**
2)	**53497**	**31523**	**11692**	**94234**
3)	**20123**	**70328**	**47518**	**77833**
4)	**14685**	**83268**	**42052**	**12142**
5)	**73091**	**15656**	**67297**	**78435**
6)	**92419**	**96808**	**85330**	**86997**
7)	**76202**	**84045**	**25403**	**39882**
8)	**53302**	**10224**	**29897**	**24894**
9)	**95783**	**82774**	**16881**	**77630**
10)	**36937**	**55671**	**64270**	**59685**

Name ________________ Date ___________________

Score ___________________

Underline the largest number from the numbers given below

1)	**23545**	**47825**	**21447**	**15655**
2)	**14226**	**12120**	**14375**	**59769**
3)	**65948**	**32024**	**37270**	**93267**
4)	**78785**	**55270**	**50698**	**72309**
5)	**32076**	**73313**	**60142**	**65186**
6)	**84649**	**55689**	**80899**	**40826**
7)	**65591**	**37549**	**86190**	**76987**
8)	**29823**	**40698**	**82990**	**78689**
9)	**91548**	**36032**	**73357**	**13549**
10)	**35365**	**53751**	**38426**	**37831**

Name ________________ Date __________________

Score __________________

Underline the largest number from the numbers given below

1)	**31988**	**97103**	**47136**	**61207**
2)	**93963**	**47918**	**60319**	**46933**
3)	**56119**	**96507**	**16445**	**36176**
4)	**61522**	**65734**	**32530**	**67889**
5)	**16423**	**97372**	**25228**	**48651**
6)	**38675**	**92595**	**11200**	**83123**
7)	**76231**	**97119**	**83001**	**81239**
8)	**38032**	**96225**	**38228**	**44348**
9)	**79811**	**30848**	**68227**	**81818**
10)	**43718**	**75384**	**98010**	**80746**

Name ________________ Date ___________________

Score ___________________

Underline the largest number from the numbers given below

1)	**49910**	**84635**	**44306**	**80294**
2)	**81836**	**97943**	**53660**	**76504**
3)	**83927**	**18587**	**56392**	**10716**
4)	**32668**	**65275**	**65838**	**68847**
5)	**28241**	**15993**	**90605**	**93488**
6)	**79163**	**89297**	**32141**	**67572**
7)	**40032**	**15527**	**52495**	**80958**
8)	**39206**	**74872**	**51361**	**61289**
9)	**53525**	**33277**	**99737**	**57923**
10)	**62300**	**26814**	**22850**	**46660**

Name ________________ Date ___________________

Score ___________________

Underline the largest number from the numbers given below

1)	**40118**	**67644**	**40870**	**73403**
2)	**33029**	**53780**	**31657**	**64969**
3)	**22494**	**12873**	**53713**	**46642**
4)	**92926**	**80602**	**92713**	**47985**
5)	**34702**	**51531**	**56706**	**18073**
6)	**54267**	**58166**	**80577**	**76105**
7)	**91452**	**66243**	**79593**	**71868**
8)	**96988**	**81974**	**94839**	**35238**
9)	**68430**	**33799**	**10967**	**20192**
10)	**98894**	**37514**	**41783**	**24568**

Name ________________ Date ___________________

Score ___________________

Underline the largest number from the numbers given below

1)	**64808**	**89441**	**99431**	**91172**
2)	**66570**	**79583**	**81803**	**60388**
3)	**26100**	**89822**	**20519**	**47554**
4)	**94673**	**94636**	**63108**	**16789**
5)	**13342**	**74595**	**67878**	**94047**
6)	**73994**	**10637**	**96809**	**81439**
7)	**94308**	**25690**	**60819**	**37860**
8)	**52083**	**22185**	**22188**	**12057**
9)	**22695**	**80395**	**41459**	**89008**
10)	**43273**	**72888**	**42325**	**39322**

Name ________________ Date __________________

Score ___________________

Underline the largest number from the numbers given below

1)	**36358**	**40926**	**12503**	**85949**
2)	**65861**	**94861**	**26761**	**26821**
3)	**57488**	**63438**	**76772**	**58750**
4)	**96756**	**99295**	**33447**	**99117**
5)	**40487**	**37632**	**90564**	**60847**
6)	**56688**	**98866**	**66525**	**13982**
7)	**48766**	**45315**	**22166**	**68708**
8)	**62171**	**94660**	**95908**	**83638**
9)	**14333**	**91569**	**80270**	**12104**
10)	**68647**	**77092**	**70460**	**45156**

Name ________________ Date ___________________

Score ___________________

Underline the largest number from the numbers given below

1)	**88356**	**85128**	**98272**	**88017**
2)	**85746**	**97240**	**20841**	**82732**
3)	**45369**	**96990**	**38177**	**19570**
4)	**23058**	**17546**	**88151**	**88241**
5)	**53699**	**69400**	**96004**	**28751**
6)	**68740**	**86754**	**25050**	**84017**
7)	**18575**	**75652**	**47725**	**22543**
8)	**40533**	**99469**	**74576**	**62391**
9)	**50233**	**35990**	**50298**	**24619**
10)	**33607**	**82894**	**41587**	**29082**

Name ________________ Date ___________________

Score ___________________

Underline the largest number from the numbers given below

1)	**43706**	**86635**	**84385**	**58192**
2)	**90953**	**28499**	**88479**	**16371**
3)	**68629**	**42278**	**71513**	**37488**
4)	**98735**	**35516**	**96508**	**14410**
5)	**79431**	**34931**	**46494**	**96988**
6)	**14908**	**84860**	**25454**	**13460**
7)	**33315**	**32930**	**47861**	**91609**
8)	**38061**	**55821**	**50395**	**11278**
9)	**24348**	**79318**	**81008**	**34592**
10)	**53021**	**12433**	**90390**	**73529**

Name ________________ Date ___________________

Score ___________________

Underline the largest number from the numbers given below

1)	**71620**	**90233**	**18586**	**74437**
2)	**25534**	**88664**	**70478**	**98914**
3)	**41534**	**89678**	**80855**	**35199**
4)	**98453**	**87628**	**10311**	**31462**
5)	**75172**	**51373**	**32285**	**55646**
6)	**93517**	**28561**	**40628**	**26665**
7)	**39069**	**18682**	**49687**	**98773**
8)	**21371**	**31652**	**12675**	**75524**
9)	**20843**	**57498**	**93213**	**28344**
10)	**42391**	**57852**	**66714**	**91172**

Name ________________ Date __________________

Score __________________

Underline the largest number from the numbers given below

1)	**58995**	**99065**	**79260**	**70168**
2)	**25020**	**77951**	**53962**	**72604**
3)	**58983**	**50276**	**61221**	**75284**
4)	**30150**	**55366**	**34708**	**12611**
5)	**83185**	**57827**	**93401**	**94223**
6)	**29831**	**41210**	**72733**	**82652**
7)	**88926**	**32464**	**43762**	**32679**
8)	**59617**	**78751**	**16381**	**57554**
9)	**97355**	**43036**	**75733**	**66051**
10)	**16267**	**32604**	**91556**	**20533**

Name ________________ Date ___________________

Score ___________________

Underline the largest number from the numbers given below

1)	**23985**	**44108**	**85038**	**53434**
2)	**32346**	**62447**	**84713**	**81905**
3)	**94066**	**97298**	**78839**	**22643**
4)	**18438**	**66532**	**21233**	**21427**
5)	**82492**	**83163**	**85864**	**47917**
6)	**28025**	**52943**	**11615**	**13096**
7)	**96951**	**87369**	**38582**	**85484**
8)	**26268**	**19053**	**83154**	**54071**
9)	**31958**	**77210**	**39840**	**55581**
10)	**96968**	**54689**	**30028**	**80604**

Name ________________ Date ___________________

Score ___________________

Underline the largest number from the numbers given below

1)	**42330**	**14290**	**24475**	**83517**
2)	**13828**	**35727**	**40451**	**89576**
3)	**73724**	**64881**	**92650**	**74076**
4)	**71011**	**10884**	**39338**	**73248**
5)	**28753**	**92157**	**55987**	**18139**
6)	**15464**	**75927**	**16813**	**96281**
7)	**33109**	**66733**	**23803**	**10958**
8)	**43119**	**83328**	**31204**	**95003**
9)	**41352**	**41853**	**48635**	**24108**
10)	**53595**	**72080**	**70126**	**69898**

Name ________________ Date ___________________

Score ___________________

Underline the largest number from the numbers given below

1)	**16192**	**82625**	**59861**	**55589**
2)	**16239**	**19514**	**94501**	**55388**
3)	**55398**	**95319**	**90518**	**67351**
4)	**51743**	**50840**	**91277**	**94204**
5)	**57434**	**13754**	**66166**	**48681**
6)	**33243**	**41692**	**30240**	**29103**
7)	**81686**	**11677**	**79934**	**85625**
8)	**93128**	**76051**	**44849**	**23623**
9)	**86535**	**69886**	**69886**	**44580**
10)	**71482**	**75966**	**23838**	**82225**

Name ________________ Date ___________________

Score ___________________

Underline the largest number from the numbers given below

1)	**19728**	**16404**	**16388**	**80890**
2)	**71458**	**14796**	**76021**	**18340**
3)	**97303**	**60299**	**24809**	**95106**
4)	**93135**	**71543**	**64739**	**50608**
5)	**61092**	**87356**	**81431**	**26543**
6)	**96907**	**72918**	**27554**	**21731**
7)	**53147**	**41819**	**77178**	**41624**
8)	**98637**	**13107**	**48792**	**62434**
9)	**20334**	**14225**	**64770**	**86119**
10)	**79972**	**74011**	**94234**	**29411**

Name ________________ Date ___________________

Score ___________________

Underline the largest number from the numbers given below

1)	**74333**	**24134**	**22872**	**50173**
2)	**80131**	**10725**	**89539**	**99700**
3)	**44876**	**20581**	**88702**	**99434**
4)	**52241**	**34851**	**67315**	**39123**
5)	**70230**	**71185**	**84555**	**54168**
6)	**16578**	**78617**	**49904**	**13646**
7)	**93165**	**47810**	**25052**	**82377**
8)	**16993**	**72156**	**61234**	**87182**
9)	**66724**	**61406**	**74841**	**70839**
10)	**79927**	**70247**	**89006**	**61979**

Name ________________ Date ___________________

Score ___________________

Underline the largest number from the numbers given below

1)	**47749**	**24170**	**91613**	**57520**
2)	**68596**	**97932**	**52006**	**63559**
3)	**85276**	**92721**	**57091**	**63446**
4)	**97275**	**44643**	**10154**	**23467**
5)	**77875**	**65106**	**42844**	**32489**
6)	**96486**	**57719**	**55585**	**50742**
7)	**70587**	**58622**	**84661**	**56408**
8)	**54398**	**83703**	**27950**	**88204**
9)	**75744**	**22384**	**52467**	**53683**
10)	**82387**	**36028**	**67838**	**65297**

Name ______________ Date _________________

Score ________________

Underline the largest number from the numbers given below

1)	**68608**	**16499**	**57642**	**13973**
2)	**75179**	**38955**	**71249**	**63156**
3)	**20108**	**68755**	**57441**	**74451**
4)	**88325**	**53131**	**16767**	**34819**
5)	**10525**	**79488**	**13953**	**99250**
6)	**38083**	**23955**	**67586**	**17070**
7)	**63233**	**47054**	**16168**	**31677**
8)	**63702**	**98720**	**83148**	**88483**
9)	**11415**	**54995**	**91648**	**56727**
10)	**27591**	**73139**	**97532**	**24024**

Name ________________ Date ___________________

Score ___________________

Underline the largest number from the numbers given below

1)	**54401**	**70380**	**29135**	**15208**
2)	**40594**	**89250**	**95584**	**57588**
3)	**45596**	**78191**	**70025**	**61940**
4)	**98456**	**50775**	**97132**	**86219**
5)	**77830**	**63912**	**48868**	**42130**
6)	**49506**	**32690**	**84090**	**30760**
7)	**99442**	**39864**	**41182**	**18631**
8)	**52144**	**34629**	**42818**	**66467**
9)	**25712**	**29887**	**66527**	**36728**
10)	**64818**	**90521**	**33809**	**60862**

Name _______________ Date __________________

Score __________________

Underline the largest number from the numbers given below

1)	**11126**	**15885**	**32140**	**92221**
2)	**99729**	**26951**	**87268**	**60368**
3)	**64866**	**15559**	**74274**	**19706**
4)	**16000**	**76204**	**25691**	**12385**
5)	**47861**	**32821**	**86291**	**97784**
6)	**68229**	**97262**	**12264**	**75508**
7)	**53406**	**38006**	**71458**	**62610**
8)	**37224**	**60809**	**18913**	**84301**
9)	**14003**	**96867**	**69288**	**62550**
10)	**39720**	**91930**	**90709**	**98612**

Name ________________ Date __________________

Score __________________

Underline the largest number from the numbers given below

1)	**36597**	**81863**	**97926**	**83015**
2)	**40703**	**58920**	**51650**	**91063**
3)	**94768**	**14506**	**73223**	**91788**
4)	**12016**	**75476**	**28433**	**28549**
5)	**98400**	**71044**	**47602**	**48071**
6)	**81591**	**32093**	**95134**	**98234**
7)	**96596**	**64440**	**83217**	**22956**
8)	**78704**	**54628**	**39148**	**70667**
9)	**24116**	**43218**	**20943**	**12344**
10)	**27085**	**70411**	**22859**	**51048**

Name ______________ Date ________________

Score ________________

Underline the largest number from the numbers given below

1)	**74103**	**70985**	**70656**	**20678**
2)	**73944**	**75403**	**15339**	**64304**
3)	**70720**	**96787**	**98400**	**38237**
4)	**85617**	**35058**	**82416**	**25592**
5)	**94595**	**82910**	**11173**	**80842**
6)	**37552**	**23357**	**47586**	**48034**
7)	**11208**	**76907**	**35093**	**34312**
8)	**92816**	**24902**	**37793**	**20792**
9)	**82731**	**30197**	**38382**	**93924**
10)	**89593**	**92302**	**26553**	**20066**

Name ________________ Date ___________________

Score ___________________

Underline the largest number from the numbers given below

1)	**70280**	**71359**	**54046**	**10721**
2)	**99240**	**68666**	**52443**	**35646**
3)	**79101**	**44058**	**99173**	**16918**
4)	**77588**	**78406**	**60959**	**91706**
5)	**78432**	**84543**	**83484**	**50326**
6)	**71810**	**67487**	**93302**	**63102**
7)	**47268**	**34511**	**31908**	**95424**
8)	**47162**	**89021**	**88446**	**14087**
9)	**21160**	**46412**	**51853**	**92912**
10)	**17406**	**85306**	**36667**	**45709**

Name ________________ Date ___________________

Score ___________________

Underline the largest number from the numbers given below

1)	**79763**	**11491**	**56427**	**83814**
2)	**15565**	**13616**	**95786**	**94231**
3)	**46314**	**12324**	**39969**	**87725**
4)	**34794**	**21328**	**96943**	**15018**
5)	**38256**	**93497**	**64580**	**49041**
6)	**58715**	**70251**	**95757**	**80722**
7)	**16424**	**87663**	**91763**	**33121**
8)	**43681**	**23586**	**85690**	**63170**
9)	**79482**	**14488**	**16624**	**61117**
10)	**22231**	**50137**	**52543**	**61092**

Name ________________ Date __________________

Score ___________________

Underline the largest number from the numbers given below

1)	**91972**	**48125**	**77746**	**88966**
2)	**74938**	**99793**	**50923**	**66246**
3)	**58201**	**15396**	**37879**	**90434**
4)	**93465**	**20852**	**44497**	**34169**
5)	**66676**	**18320**	**93853**	**96579**
6)	**22738**	**70081**	**81893**	**48669**
7)	**33875**	**11040**	**32218**	**78180**
8)	**75509**	**30577**	**58491**	**48473**
9)	**99994**	**60965**	**96532**	**88714**
10)	**81658**	**33321**	**58221**	**64330**

Name ______________ Date ________________

Score ________________

Underline the largest number from the numbers given below

1)	**62275**	**91930**	**83721**	**55281**
2)	**77645**	**17646**	**19336**	**47420**
3)	**51750**	**10823**	**44494**	**53235**
4)	**69417**	**42360**	**10083**	**45014**
5)	**74133**	**26760**	**76323**	**31881**
6)	**88499**	**99148**	**79966**	**58247**
7)	**29693**	**72322**	**63212**	**89432**
8)	**64940**	**73882**	**88840**	**40243**
9)	**81684**	**39806**	**97247**	**15260**
10)	**29778**	**31453**	**86875**	**44100**

Name ________________ Date __________________

Score __________________

Underline the largest number from the numbers given below

1)	**64741**	**35959**	**52766**	**36463**
2)	**80930**	**43474**	**90229**	**30215**
3)	**32041**	**83945**	**57036**	**70545**
4)	**66202**	**90284**	**66153**	**80492**
5)	**61610**	**14479**	**75174**	**43847**
6)	**26992**	**10413**	**22881**	**34518**
7)	**23957**	**32032**	**32580**	**87775**
8)	**53395**	**56314**	**83638**	**57354**
9)	**80591**	**69111**	**96757**	**67616**
10)	**37504**	**83110**	**17180**	**53663**

Name ________________ Date ___________________

Score ___________________

Underline the largest number from the numbers given below

1)	**97031**	**27891**	**32649**	**45559**
2)	**46023**	**70676**	**72429**	**60957**
3)	**31813**	**14513**	**10235**	**45742**
4)	**12368**	**69609**	**85876**	**37201**
5)	**44626**	**98931**	**81746**	**90653**
6)	**80238**	**46576**	**30755**	**97690**
7)	**22365**	**28814**	**17720**	**31910**
8)	**19885**	**88349**	**38918**	**69671**
9)	**89336**	**17395**	**81172**	**26784**
10)	**81574**	**69349**	**67422**	**95044**

Name ________________ Date __________________

Score ___________________

Underline the largest number from the numbers given below

1) 34570 49745 95458 26847

2) 85422 45379 19892 40863

3) 95125 85364 89304 31036

4) 87187 99344 27771 25510

5) 96850 98063 20294 73567

6) 25135 53491 64346 92894

7) 30455 15091 41784 41652

8) 82288 82215 36234 82099

9) 26475 16269 49291 27311

10) 88735 25658 48748 62905

Name ________________ Date ___________________

Score ___________________

Underline the largest number from the numbers given below

1)	**80246**	**93046**	**97442**	**62717**
2)	**67771**	**39202**	**69801**	**65879**
3)	**72574**	**44443**	**82168**	**63906**
4)	**10950**	**12518**	**92690**	**40460**
5)	**83961**	**61610**	**17221**	**85038**
6)	**99552**	**62028**	**77564**	**42631**
7)	**77809**	**28990**	**82643**	**44962**
8)	**54541**	**14096**	**58464**	**11835**
9)	**54370**	**69712**	**49464**	**69388**
10)	**80650**	**14949**	**49984**	**94302**

Name ________________ Date __________________

Score ___________________

Underline the largest number from the numbers given below

1)	**26633**	**27636**	**75051**	**36317**
2)	**15816**	**61415**	**70488**	**97844**
3)	**13502**	**73998**	**34938**	**11692**
4)	**74622**	**88850**	**28894**	**70111**
5)	**37596**	**65673**	**31178**	**77317**
6)	**42370**	**42565**	**91481**	**20621**
7)	**63468**	**72748**	**53952**	**75016**
8)	**95653**	**60616**	**17382**	**37417**
9)	**39044**	**55110**	**61588**	**20246**
10)	**97014**	**63874**	**84239**	**28816**

Name ________________ Date ___________________

Score ___________________

Underline the largest number from the numbers given below

1)	**55428**	**70567**	**99196**	**53537**
2)	**37498**	**39817**	**67958**	**24627**
3)	**76155**	**23256**	**12721**	**22261**
4)	**75133**	**86724**	**85700**	**59790**
5)	**12001**	**45245**	**70020**	**18315**
6)	**61467**	**77190**	**94347**	**55956**
7)	**82967**	**44648**	**45177**	**12162**
8)	**28358**	**48708**	**62199**	**18147**
9)	**98390**	**88900**	**83714**	**24241**
10)	**22518**	**92623**	**64153**	**72424**

Name ________________ Date ___________________

Score ___________________

Underline the largest number from the numbers given below

1)	**76032**	**27915**	**46301**	**20003**
2)	**59162**	**71191**	**90750**	**75672**
3)	**28657**	**97864**	**27070**	**26024**
4)	**49320**	**90412**	**92168**	**27071**
5)	**51363**	**54143**	**22265**	**95617**
6)	**73128**	**26239**	**95774**	**10972**
7)	**13600**	**42283**	**24181**	**92475**
8)	**96401**	**60743**	**93652**	**37027**
9)	**10635**	**19367**	**38647**	**89938**
10)	**51129**	**64626**	**77296**	**51106**

Name ______________ Date ________________

Score ________________

Underline the largest number from the numbers given below

1)	**40291**	**91334**	**98358**	**74855**
2)	**78460**	**24208**	**10248**	**35858**
3)	**24253**	**90486**	**31464**	**12952**
4)	**15971**	**73129**	**43957**	**35256**
5)	**99126**	**51568**	**67061**	**98636**
6)	**54921**	**46117**	**82819**	**12101**
7)	**44080**	**80680**	**37435**	**90741**
8)	**84234**	**38345**	**34525**	**67438**
9)	**99286**	**80068**	**69625**	**35343**
10)	**33254**	**88793**	**99906**	**13475**

Name ________________ Date ___________________

Score ___________________

Underline the largest number from the numbers given below

1)	**40171**	**94799**	**52559**	**54524**
2)	**87992**	**39978**	**63354**	**22698**
3)	**20435**	**60641**	**98793**	**48519**
4)	**56918**	**12521**	**68732**	**95955**
5)	**24117**	**89319**	**27002**	**11356**
6)	**64825**	**19372**	**14165**	**44627**
7)	**22386**	**32416**	**52147**	**75590**
8)	**15912**	**26270**	**46805**	**55982**
9)	**20485**	**48365**	**82908**	**31640**
10)	**90151**	**61675**	**24626**	**50393**

Name ________________ **Date** ___________________

Score ___________________

Underline the largest number from the numbers given below

1)	**20704**	**33439**	**45825**	**17184**
2)	**13445**	**32599**	**72574**	**22847**
3)	**35229**	**32218**	**89110**	**20654**
4)	**93350**	**47895**	**51177**	**29915**
5)	**31671**	**74603**	**59431**	**36053**
6)	**70184**	**54136**	**77783**	**62384**
7)	**21526**	**97601**	**46454**	**69904**
8)	**35936**	**90121**	**10856**	**86070**
9)	**16038**	**50196**	**86090**	**64161**
10)	**14447**	**40366**	**88014**	**82258**

Name ________________ Date ___________________

Score ___________________

Underline the largest number from the numbers given below

1)	**84454**	**83120**	**21072**	**65043**
2)	**44149**	**79109**	**37927**	**23483**
3)	**86962**	**17857**	**41672**	**11078**
4)	**80223**	**56007**	**99444**	**24701**
5)	**36200**	**77838**	**13928**	**67284**
6)	**51774**	**24359**	**50828**	**66640**
7)	**85606**	**41216**	**21606**	**76334**
8)	**23273**	**92268**	**94524**	**31944**
9)	**70326**	**57454**	**24456**	**72080**
10)	**11295**	**54895**	**67916**	**94077**

Name ________________ Date ___________________

Score ___________________

Underline the largest number from the numbers given below

1)	**57384**	**54285**	**43945**	**47753**
2)	**17260**	**97589**	**90649**	**58501**
3)	**20796**	**37760**	**10011**	**24330**
4)	**78351**	**98861**	**72463**	**23216**
5)	**92910**	**28714**	**60883**	**48776**
6)	**46697**	**23738**	**52762**	**79353**
7)	**30940**	**75437**	**36888**	**42285**
8)	**72195**	**61396**	**98860**	**47071**
9)	**96231**	**92202**	**13908**	**79190**
10)	**11985**	**33921**	**40964**	**93317**

Name ________________ Date ___________________

Score ___________________

Underline the largest number from the numbers given below

1)	**66397**	**21893**	**57346**	**64129**
2)	**59130**	**66936**	**30889**	**20895**
3)	**84829**	**18000**	**44364**	**36413**
4)	**56128**	**65908**	**66370**	**74030**
5)	**66633**	**57033**	**11877**	**11523**
6)	**64397**	**76752**	**79857**	**25758**
7)	**61890**	**48209**	**79938**	**16882**
8)	**46227**	**39625**	**89486**	**38747**
9)	**21183**	**26671**	**55571**	**67797**
10)	**63943**	**72382**	**62670**	**11746**

Name ________________ Date ___________________

Score ___________________

Underline the largest number from the numbers given below

1)	**26487**	**80336**	**62815**	**37976**
2)	**13983**	**57004**	**96684**	**99005**
3)	**35876**	**36932**	**63174**	**93975**
4)	**95447**	**24446**	**69166**	**84247**
5)	**23344**	**83296**	**64943**	**87817**
6)	**76711**	**92323**	**18213**	**43613**
7)	**19013**	**73360**	**53385**	**51496**
8)	**45558**	**41268**	**57847**	**59674**
9)	**77934**	**79361**	**36353**	**94570**
10)	**54618**	**28707**	**88234**	**67503**

Name ________________ Date ___________________

Score ___________________

Underline the largest number from the numbers given below

1)	**94182**	**54670**	**49602**	**74197**
2)	**19095**	**44786**	**10210**	**88555**
3)	**83375**	**31434**	**77295**	**25763**
4)	**66849**	**79693**	**45772**	**38162**
5)	**40594**	**83816**	**73621**	**68165**
6)	**17305**	**14712**	**22886**	**51431**
7)	**39182**	**77050**	**77266**	**49577**
8)	**12612**	**45357**	**42546**	**88434**
9)	**62991**	**48880**	**43733**	**63186**
10)	**49039**	**51838**	**24759**	**66761**

Name ________________ Date ____________________

Score ____________________

Underline the largest number from the numbers given below

1)	**19576**	**96699**	**86746**	**76564**
2)	**60082**	**11361**	**56406**	**45871**
3)	**67636**	**97010**	**74773**	**67701**
4)	**71513**	**15927**	**89413**	**56582**
5)	**48311**	**27357**	**95606**	**51284**
6)	**99098**	**96196**	**26128**	**45177**
7)	**92926**	**21478**	**68825**	**11639**
8)	**48969**	**14550**	**21885**	**15158**
9)	**26896**	**26275**	**55282**	**35209**
10)	**42573**	**12427**	**31875**	**20444**

Name ________________ Date __________________

Score ___________________

Underline the largest number from the numbers given below

1)	**48864**	**50284**	**59777**	**11233**
2)	**40541**	**53110**	**97335**	**63529**
3)	**81827**	**40972**	**57201**	**18728**
4)	**34264**	**52480**	**79663**	**79810**
5)	**54160**	**24576**	**74064**	**88067**
6)	**94084**	**57032**	**17146**	**37393**
7)	**12705**	**44437**	**89031**	**78715**
8)	**96115**	**85263**	**65894**	**42054**
9)	**93903**	**97630**	**56520**	**59270**
10)	**47647**	**49820**	**32078**	**33644**

Name ________________ Date ___________________

Score ___________________

Underline the largest number from the numbers given below

1)	**22329**	**25552**	**43665**	**82957**
2)	**67290**	**83207**	**94277**	**52096**
3)	**38628**	**75341**	**30522**	**86975**
4)	**76396**	**74363**	**81490**	**37735**
5)	**14793**	**85250**	**61261**	**57824**
6)	**38012**	**56941**	**54962**	**35438**
7)	**61537**	**41330**	**20372**	**14314**
8)	**63359**	**76977**	**92136**	**61278**
9)	**38654**	**83430**	**32397**	**92289**
10)	**30247**	**86099**	**49407**	**92025**

Name ________________ Date __________________

Score __________________

Underline the largest number from the numbers given below

1)	**40997**	**38946**	**23986**	**55221**
2)	**92113**	**39641**	**91638**	**68743**
3)	**31777**	**87797**	**91758**	**36649**
4)	**97596**	**31017**	**38856**	**85930**
5)	**29724**	**49985**	**31669**	**54116**
6)	**42045**	**98610**	**15820**	**31506**
7)	**31201**	**71762**	**62753**	**79877**
8)	**95364**	**63333**	**33034**	**10175**
9)	**58981**	**22124**	**28208**	**58397**
10)	**65781**	**24006**	**91890**	**45919**

Name ______________ Date ________________

Score ________________

Underline the largest number from the numbers given below

1)	**72484**	**60461**	**69736**	**82176**
2)	**20631**	**24159**	**71372**	**46960**
3)	**87422**	**58954**	**93523**	**15530**
4)	**87631**	**27559**	**65835**	**40114**
5)	**54790**	**18210**	**19356**	**30584**
6)	**15116**	**83447**	**77661**	**71053**
7)	**40245**	**40467**	**48178**	**25401**
8)	**47883**	**70816**	**58288**	**34846**
9)	**33261**	**82542**	**99175**	**73375**
10)	**63264**	**95442**	**90198**	**13221**

Name ________________ Date __________________

Score __________________

Underline the largest number from the numbers given below

1)	**81615**	**92566**	**80574**	**97529**
2)	**51825**	**51327**	**20289**	**78216**
3)	**51476**	**30297**	**45194**	**80783**
4)	**66408**	**26748**	**46427**	**12867**
5)	**61507**	**28964**	**38310**	**14493**
6)	**29479**	**26121**	**49579**	**26462**
7)	**26995**	**81804**	**91760**	**44743**
8)	**56274**	**49590**	**96839**	**77642**
9)	**66785**	**37021**	**23634**	**63428**
10)	**11399**	**87664**	**78605**	**42084**

Name ________________ Date ___________________

Score ___________________

Underline the largest number from the numbers given below

1)	**63678**	**87598**	**81437**	**46426**
2)	**99629**	**77021**	**25924**	**56363**
3)	**24494**	**86175**	**96755**	**30814**
4)	**10903**	**74957**	**30912**	**68368**
5)	**74944**	**45731**	**46272**	**57539**
6)	**11621**	**30048**	**61469**	**37475**
7)	**75872**	**55592**	**60245**	**64252**
8)	**71690**	**73807**	**49302**	**29464**
9)	**55625**	**79582**	**68121**	**49097**
10)	**17329**	**57230**	**62249**	**53351**

Name ________________ Date __________________

Score __________________

Underline the largest number from the numbers given below

1)	**54280**	**34648**	**11350**	**29065**
2)	**82445**	**98096**	**44025**	**96399**
3)	**26678**	**22595**	**16731**	**72125**
4)	**95909**	**31512**	**63474**	**44881**
5)	**92458**	**32491**	**29848**	**53158**
6)	**88240**	**45150**	**61073**	**92689**
7)	**34323**	**75794**	**50775**	**77044**
8)	**36067**	**48867**	**31701**	**81695**
9)	**59633**	**76133**	**96148**	**31609**
10)	**73152**	**86229**	**86955**	**66189**

Name ________________ Date ___________________

Score ___________________

Underline the largest number from the numbers given below

1)	**36911**	**53655**	**22179**	**36208**
2)	**12014**	**81391**	**26991**	**31349**
3)	**74811**	**78327**	**69166**	**82807**
4)	**42104**	**86346**	**30141**	**18034**
5)	**70142**	**36532**	**30288**	**41244**
6)	**18199**	**53128**	**21941**	**93940**
7)	**53509**	**78960**	**28361**	**85049**
8)	**12186**	**23653**	**66013**	**64701**
9)	**67179**	**94310**	**82398**	**34140**
10)	**37084**	**72594**	**86976**	**77230**

Name ________________ Date ___________________

Score ___________________

Underline the largest number from the numbers given below

1)	**53107**	**55931**	**73513**	**69425**
2)	**50812**	**33861**	**43773**	**22046**
3)	**38364**	**28430**	**16246**	**85067**
4)	**91959**	**94076**	**83465**	**28649**
5)	**11570**	**41275**	**15850**	**83912**
6)	**10903**	**39641**	**21695**	**48889**
7)	**54986**	**44383**	**47180**	**56954**
8)	**33586**	**31351**	**57166**	**64423**
9)	**92791**	**29915**	**11018**	**29645**
10)	**73330**	**68710**	**29663**	**50903**

Name ________________ Date ___________________

Score ___________________

Underline the largest number from the numbers given below

1)	**70244**	**79472**	**95383**	**33767**
2)	**78556**	**52002**	**40240**	**83223**
3)	**50283**	**16311**	**25615**	**29524**
4)	**29833**	**53102**	**21866**	**69905**
5)	**76784**	**31513**	**29903**	**31102**
6)	**23995**	**19864**	**96787**	**75712**
7)	**64823**	**90416**	**35049**	**34637**
8)	**46954**	**60708**	**24650**	**39161**
9)	**11485**	**78337**	**16214**	**71181**
10)	**76219**	**98402**	**79112**	**43586**

Name ________________ Date __________________

Score ___________________

Underline the largest number from the numbers given below

1)	**24005**	**65938**	**81476**	**20517**
2)	**23252**	**96044**	**95112**	**20361**
3)	**14449**	**17918**	**69593**	**37496**
4)	**60202**	**77960**	**78950**	**97702**
5)	**46143**	**31174**	**88575**	**60399**
6)	**38115**	**71050**	**84375**	**12999**
7)	**19739**	**31802**	**62332**	**32060**
8)	**82875**	**49481**	**98769**	**59454**
9)	**36181**	**40245**	**49716**	**55017**
10)	**77068**	**38699**	**95275**	**55375**

Name _______________ Date __________________

Score __________________

Underline the largest number from the numbers given below

1)	**65127**	**39283**	**27546**	**59776**
2)	**61926**	**64140**	**84420**	**91087**
3)	**56751**	**29577**	**69550**	**63211**
4)	**80008**	**21764**	**51030**	**59408**
5)	**89971**	**61930**	**45172**	**45503**
6)	**25630**	**78591**	**47571**	**92455**
7)	**27538**	**42187**	**25054**	**98459**
8)	**27831**	**72362**	**56918**	**18741**
9)	**95590**	**14385**	**74768**	**94720**
10)	**62959**	**29270**	**49116**	**51365**

Name ________________ Date __________________

Score ___________________

Underline the largest number from the numbers given below

1)	**93467**	**65803**	**97794**	**11717**
2)	**13380**	**73866**	**64707**	**68311**
3)	**53068**	**31748**	**96657**	**15221**
4)	**85245**	**58241**	**88456**	**10616**
5)	**64083**	**54667**	**91416**	**14426**
6)	**18151**	**14539**	**87509**	**32700**
7)	**65168**	**26625**	**99063**	**97621**
8)	**78876**	**82973**	**97078**	**70197**
9)	**73432**	**74452**	**24755**	**23853**
10)	**54509**	**53462**	**87012**	**12580**

Name ________________ Date ___________________

Score ___________________

Underline the largest number from the numbers given below

1)	**46635**	**31036**	**14173**	**75346**
2)	**56152**	**25163**	**75170**	**57756**
3)	**62764**	**11241**	**50294**	**50294**
4)	**78586**	**86385**	**70520**	**13932**
5)	**58870**	**60081**	**74428**	**56272**
6)	**18192**	**25586**	**97112**	**92576**
7)	**38844**	**82584**	**85803**	**80095**
8)	**38769**	**39455**	**73241**	**32780**
9)	**91989**	**52274**	**54637**	**40642**
10)	**93402**	**80326**	**33682**	**28403**

Name ________________ Date __________________

Score ___________________

Underline the largest number from the numbers given below

1)	**43162**	**50979**	**92895**	**34611**
2)	**86563**	**49456**	**17740**	**17263**
3)	**34801**	**24150**	**54919**	**13192**
4)	**81482**	**68852**	**18147**	**10436**
5)	**17495**	**89900**	**61038**	**31766**
6)	**63278**	**12353**	**72225**	**30227**
7)	**63230**	**18749**	**66568**	**79856**
8)	**97587**	**35745**	**44310**	**56941**
9)	**31765**	**18181**	**43973**	**31608**
10)	**38281**	**78454**	**70896**	**72818**

Name ________________ Date ___________________

Score ___________________

Underline the largest number from the numbers given below

1)	**21840**	**80433**	**35635**	**99242**
2)	**12754**	**32938**	**41253**	**11896**
3)	**68493**	**68774**	**32663**	**38166**
4)	**97621**	**78785**	**22525**	**84515**
5)	**29934**	**98668**	**17730**	**44868**
6)	**67999**	**17738**	**94041**	**18145**
7)	**54259**	**34391**	**61635**	**50084**
8)	**17660**	**72868**	**65392**	**14083**
9)	**48906**	**68814**	**59434**	**15634**
10)	**92018**	**87529**	**87906**	**98363**

Name ________________ Date __________________

Score ___________________

Underline the largest number from the numbers given below

1)	**59300**	**20539**	**47780**	**10480**
2)	**75105**	**13421**	**68567**	**33981**
3)	**10920**	**42815**	**79931**	**98492**
4)	**36064**	**88326**	**10275**	**72518**
5)	**81093**	**61526**	**24602**	**63203**
6)	**70715**	**96618**	**38085**	**81021**
7)	**72282**	**63146**	**30579**	**80862**
8)	**20028**	**63142**	**88263**	**68143**
9)	**33249**	**64512**	**33780**	**25819**
10)	**65005**	**17607**	**28586**	**69845**

Name ________________ Date ___________________

Score ___________________

Underline the largest number from the numbers given below

1)	**28103**	**13255**	**23481**	**70060**
2)	**76799**	**49796**	**27465**	**83287**
3)	**12164**	**29828**	**52629**	**78782**
4)	**44050**	**78976**	**63804**	**25653**
5)	**59347**	**78520**	**99103**	**61965**
6)	**45531**	**62374**	**67300**	**89380**
7)	**71731**	**29435**	**76870**	**87315**
8)	**71728**	**31908**	**22750**	**22046**
9)	**45950**	**41785**	**50730**	**65591**
10)	**29512**	**27458**	**80557**	**83866**

Name ________________ Date ___________________

Score ___________________

Underline the largest number from the numbers given below

1)	**15986**	**19456**	**35203**	**38670**
2)	**51167**	**56173**	**10642**	**42311**
3)	**61881**	**15951**	**95603**	**96768**
4)	**80387**	**34581**	**17400**	**95008**
5)	**52434**	**88010**	**19671**	**11066**
6)	**74482**	**80181**	**82145**	**17335**
7)	**60655**	**41717**	**66949**	**68435**
8)	**67475**	**44125**	**89858**	**35585**
9)	**76391**	**76147**	**66438**	**30007**
10)	**12322**	**19456**	**84498**	**95379**

Name ________________ Date ___________________

Score ___________________

Underline the largest number from the numbers given below

1)	**22281**	**54192**	**39658**	**77112**
2)	**11221**	**48340**	**45588**	**48459**
3)	**53180**	**20225**	**92795**	**70450**
4)	**89084**	**55908**	**43302**	**45187**
5)	**97473**	**10651**	**94830**	**36318**
6)	**82766**	**97815**	**21872**	**17753**
7)	**79512**	**31287**	**58181**	**39526**
8)	**25156**	**68768**	**57628**	**65783**
9)	**49712**	**52076**	**77490**	**93818**
10)	**74349**	**70186**	**13729**	**92967**

Name ________________ Date __________________

Score ___________________

Underline the largest number from the numbers given below

1)	**78546**	**33123**	**65793**	**56646**
2)	**65494**	**27204**	**17784**	**65753**
3)	**53858**	**69254**	**58721**	**11098**
4)	**93561**	**51666**	**87877**	**33292**
5)	**44845**	**13236**	**85931**	**61238**
6)	**27640**	**43337**	**34508**	**16507**
7)	**30153**	**79835**	**13970**	**92106**
8)	**25435**	**27527**	**20180**	**27300**
9)	**84510**	**67333**	**90973**	**46304**
10)	**63128**	**72779**	**35217**	**80157**

Name ________________ Date ___________________

Score ___________________

Underline the largest number from the numbers given below

1)	**37375**	**15051**	**93551**	**73695**
2)	**48998**	**85251**	**81361**	**61355**
3)	**26615**	**14936**	**73254**	**89619**
4)	**80280**	**70815**	**25711**	**47847**
5)	**34970**	**43899**	**29435**	**95839**
6)	**34306**	**62450**	**24040**	**84208**
7)	**58277**	**56494**	**45730**	**60543**
8)	**44590**	**35565**	**87693**	**91089**
9)	**11076**	**19774**	**45759**	**89967**
10)	**63108**	**73323**	**41582**	**95417**

Name ________________ Date __________________

Score ___________________

Underline the largest number from the numbers given below

1)	**17240**	**96611**	**75829**	**75857**
2)	**14120**	**19304**	**98231**	**17022**
3)	**62076**	**40662**	**11755**	**54486**
4)	**97025**	**33756**	**68097**	**14318**
5)	**18764**	**26504**	**36148**	**44005**
6)	**17274**	**15211**	**20942**	**90509**
7)	**51232**	**87151**	**70966**	**41459**
8)	**80624**	**70385**	**38397**	**93505**
9)	**75766**	**19212**	**20619**	**69777**
10)	**11380**	**88612**	**34942**	**49074**

Name ________________ Date ___________________

Score ___________________

Underline the largest number from the numbers given below

1)	**92016**	**14945**	**24478**	**79420**
2)	**11953**	**93342**	**34072**	**12706**
3)	**74504**	**35735**	**73426**	**83871**
4)	**99924**	**71316**	**93629**	**72765**
5)	**43406**	**12501**	**28281**	**55416**
6)	**23778**	**26610**	**36571**	**55657**
7)	**54290**	**47780**	**19227**	**86752**
8)	**57576**	**35843**	**28832**	**37069**
9)	**58674**	**86172**	**97741**	**69576**
10)	**18758**	**83043**	**42393**	**67759**

Name ________________ Date __________________

Score ___________________

Underline the largest number from the numbers given below

1)	**82063**	**32383**	**11120**	**97014**
2)	**72900**	**99531**	**19443**	**84733**
3)	**97456**	**72240**	**97489**	**95558**
4)	**59963**	**34893**	**33830**	**97943**
5)	**46621**	**39849**	**98639**	**10883**
6)	**48105**	**15076**	**10450**	**79609**
7)	**61885**	**98645**	**27101**	**41447**
8)	**86206**	**54353**	**22131**	**96600**
9)	**18331**	**53270**	**10666**	**13129**
10)	**67893**	**92890**	**45378**	**33447**

Name _______________ Date __________________

Score __________________

Underline the largest number from the numbers given below

1)	**79944**	**91643**	**70388**	**52027**
2)	**19698**	**71891**	**60037**	**70596**
3)	**90484**	**25808**	**64585**	**62318**
4)	**34959**	**83583**	**61289**	**79467**
5)	**36815**	**13515**	**49723**	**98996**
6)	**87265**	**16668**	**94613**	**55563**
7)	**61662**	**75932**	**51112**	**45191**
8)	**58126**	**45341**	**11833**	**89632**
9)	**85217**	**69664**	**98029**	**19358**
10)	**53794**	**66264**	**72223**	**65032**

Name ________________ Date ___________________

Score ___________________

Underline the largest number from the numbers given below

1)	**19683**	**78695**	**59835**	**34477**
2)	**26476**	**91252**	**30761**	**70972**
3)	**96164**	**91460**	**90134**	**10707**
4)	**31552**	**92685**	**56681**	**24666**
5)	**32622**	**91378**	**66719**	**93134**
6)	**38442**	**37351**	**67161**	**66938**
7)	**62725**	**52885**	**77763**	**85355**
8)	**44222**	**72574**	**59358**	**63926**
9)	**64241**	**25642**	**62224**	**87862**
10)	**57602**	**93281**	**52074**	**12181**

Name ________________ Date ___________________

Score ___________________

Underline the largest number from the numbers given below

1)	**15721**	**72406**	**60943**	**63590**
2)	**20426**	**79380**	**54278**	**76539**
3)	**22701**	**16698**	**89967**	**16990**
4)	**11791**	**65106**	**72508**	**69305**
5)	**34064**	**50641**	**83801**	**14557**
6)	**63357**	**14520**	**85022**	**20410**
7)	**89418**	**39367**	**71399**	**42766**
8)	**30511**	**14826**	**35055**	**62518**
9)	**60468**	**99826**	**58076**	**72541**
10)	**29761**	**51436**	**78441**	**95072**

Name ________________ Date ________________

Score ________________

Underline the largest number from the numbers given below

1)	**89874**	**15159**	**62064**	**39957**
2)	**36527**	**14781**	**14185**	**13347**
3)	**34759**	**56817**	**55718**	**79362**
4)	**71204**	**69726**	**87616**	**48247**
5)	**59137**	**60756**	**25542**	**66753**
6)	**25038**	**46466**	**58032**	**80357**
7)	**15916**	**82059**	**33475**	**75734**
8)	**29699**	**82733**	**61250**	**97232**
9)	**68166**	**88172**	**10411**	**70487**
10)	**90505**	**47306**	**42952**	**83434**

Name ________________ Date ___________________

Score ___________________

Underline the largest number from the numbers given below

1)	**67659**	**80521**	**35039**	**61577**
2)	**76440**	**82745**	**68343**	**96796**
3)	**88043**	**91492**	**82410**	**73710**
4)	**55635**	**39514**	**83616**	**37679**
5)	**21342**	**33108**	**92430**	**42095**
6)	**64031**	**19466**	**90496**	**52263**
7)	**55975**	**26910**	**74944**	**58119**
8)	**30874**	**28279**	**83141**	**50619**
9)	**43564**	**24546**	**53454**	**46843**
10)	**80690**	**58836**	**19237**	**78897**

Name ________________ Date __________________

Score ___________________

Underline the largest number from the numbers given below

1)	**94244**	**39641**	**42691**	**29853**
2)	**45057**	**61954**	**72812**	**65920**
3)	**95127**	**62089**	**72919**	**66379**
4)	**68193**	**14595**	**68252**	**66733**
5)	**26560**	**41973**	**34449**	**82737**
6)	**89774**	**43506**	**17454**	**23791**
7)	**57508**	**19992**	**42939**	**46223**
8)	**42928**	**62339**	**98913**	**28371**
9)	**10775**	**69031**	**93630**	**75583**
10)	**18933**	**16692**	**60076**	**90694**

Name ________________ Date ___________________

Score ___________________

Underline the largest number from the numbers given below

1)	**60663**	**35989**	**33834**	**43859**
2)	**35599**	**76596**	**35617**	**90723**
3)	**37224**	**28391**	**80197**	**77846**
4)	**27838**	**28477**	**61877**	**30781**
5)	**15472**	**66737**	**82987**	**28629**
6)	**26462**	**77514**	**49737**	**25934**
7)	**16982**	**82966**	**50494**	**14379**
8)	**86790**	**36395**	**90595**	**45529**
9)	**55004**	**13449**	**29414**	**43810**
10)	**51390**	**55938**	**22816**	**29414**

Name ________________ Date __________________

Score __________________

Underline the largest number from the numbers given below

1)	**50381**	**17953**	**47380**	**67844**
2)	**40482**	**55086**	**34702**	**36575**
3)	**18668**	**18646**	**28290**	**43914**
4)	**27287**	**69003**	**83308**	**59447**
5)	**31072**	**52616**	**45645**	**85321**
6)	**16042**	**30613**	**15736**	**42533**
7)	**96225**	**35249**	**17883**	**43163**
8)	**63255**	**33363**	**79801**	**11730**
9)	**95831**	**56770**	**42120**	**48352**
10)	**65515**	**44871**	**76882**	**79192**

Name ________________ Date ___________________

Score ___________________

Underline the largest number from the numbers given below

1)	**90407**	**12882**	**44622**	**65799**
2)	**87438**	**79504**	**73606**	**51555**
3)	**18282**	**11038**	**79446**	**24778**
4)	**24014**	**15167**	**76964**	**59362**
5)	**51947**	**33607**	**67871**	**95278**
6)	**61252**	**85142**	**50279**	**26158**
7)	**60866**	**58862**	**49738**	**15935**
8)	**32683**	**84884**	**92165**	**69908**
9)	**36432**	**70796**	**25756**	**36230**
10)	**80516**	**48275**	**62828**	**84655**

Name ________________ Date __________________

Score ___________________

Underline the largest number from the numbers given below

1) 87867 18688 73875 63910

2) 95771 56188 69643 25979

3) 40092 83377 87020 87716

4) 84751 14214 86994 18140

5) 74125 46109 97669 92668

6) 78639 53780 43523 90613

7) 69616 77947 55256 15153

8) 36245 14883 79987 86956

9) 91932 14351 68765 51602

10) 96673 57492 93837 54982

Name ________________ Date ___________________

Score ___________________

Underline the largest number from the numbers given below

1)	**30180**	**38367**	**97909**	**94191**
2)	**19384**	**94014**	**26984**	**14021**
3)	**86020**	**54137**	**75548**	**15001**
4)	**18331**	**96149**	**10595**	**70281**
5)	**39454**	**54759**	**67988**	**90032**
6)	**97641**	**36681**	**37600**	**34413**
7)	**45879**	**48736**	**49760**	**88639**
8)	**53377**	**14347**	**82459**	**89781**
9)	**73251**	**42790**	**60161**	**41115**
10)	**77843**	**97943**	**21750**	**16984**

Name ________________ Date ___________________

Score ___________________

Underline the largest number from the numbers given below

1)	**56481**	**61552**	**22994**	**36946**
2)	**72858**	**93912**	**91783**	**41856**
3)	**80050**	**27466**	**45845**	**51363**
4)	**79724**	**68871**	**57022**	**24974**
5)	**32691**	**70533**	**46135**	**81911**
6)	**72613**	**47446**	**45624**	**97823**
7)	**38364**	**49807**	**64054**	**40874**
8)	**55404**	**96735**	**72013**	**73388**
9)	**44131**	**55871**	**62341**	**80612**
10)	**44259**	**87509**	**97372**	**29916**

Name ________________ Date ___________________

Score ___________________

Underline the largest number from the numbers given below

1)	**83564**	**20802**	**71487**	**77058**
2)	**10901**	**20246**	**51492**	**12210**
3)	**85848**	**57362**	**44585**	**40392**
4)	**93799**	**54060**	**37152**	**33973**
5)	**94930**	**58468**	**70612**	**46403**
6)	**99692**	**90075**	**82849**	**26065**
7)	**83256**	**48819**	**95463**	**29159**
8)	**47159**	**44441**	**67244**	**71868**
9)	**58414**	**94414**	**40279**	**85196**
10)	**51677**	**70622**	**18670**	**30000**

Name ______________ Date ________________

Score ________________

Underline the largest number from the numbers given below

1)	**59073**	**37359**	**64092**	**86690**
2)	**58430**	**73528**	**36517**	**96728**
3)	**56530**	**25716**	**99682**	**44788**
4)	**85143**	**66478**	**74706**	**61373**
5)	**29412**	**62244**	**51686**	**28629**
6)	**83244**	**98825**	**49261**	**45178**
7)	**38706**	**36927**	**13007**	**62672**
8)	**45714**	**78053**	**35425**	**68440**
9)	**92972**	**12166**	**27378**	**89126**
10)	**76092**	**46675**	**19322**	**94766**

Name ________________ Date ___________________

Score ___________________

Underline the largest number from the numbers given below

1)	**50324**	**68334**	**13514**	**17149**
2)	**25770**	**97371**	**11934**	**78199**
3)	**38019**	**31510**	**42666**	**45232**
4)	**55070**	**89073**	**39293**	**39321**
5)	**41773**	**21987**	**55913**	**45671**
6)	**15755**	**18874**	**28328**	**20981**
7)	**45610**	**58418**	**98059**	**44180**
8)	**12336**	**62477**	**21577**	**10441**
9)	**96169**	**54340**	**87657**	**55575**
10)	**93813**	**17237**	**90733**	**36279**

Name ________________ Date __________________

Score __________________

Underline the largest number from the numbers given below

1)	**49273**	**31897**	**68233**	**23857**
2)	**66898**	**10101**	**26604**	**15216**
3)	**80755**	**36210**	**72348**	**83463**
4)	**43028**	**28072**	**54046**	**17515**
5)	**81058**	**89731**	**67678**	**49050**
6)	**37050**	**46788**	**14281**	**70083**
7)	**48161**	**44065**	**21004**	**34195**
8)	**35807**	**47093**	**73082**	**35426**
9)	**51836**	**75178**	**14351**	**87223**
10)	**49827**	**23405**	**54235**	**45104**

Name ________________ Date ___________________

Score ___________________

Underline the largest number from the numbers given below

1)	**58073**	**98874**	**49324**	**61110**
2)	**57156**	**54632**	**99448**	**78721**
3)	**25549**	**21671**	**65738**	**24096**
4)	**48141**	**23251**	**59890**	**76890**
5)	**67198**	**69631**	**86873**	**25593**
6)	**57738**	**68834**	**67382**	**42277**
7)	**39956**	**59454**	**21781**	**34693**
8)	**56973**	**99391**	**81537**	**36290**
9)	**13500**	**97306**	**40462**	**88219**
10)	**95274**	**57988**	**66429**	**68618**

Name ________________ Date ____________________

Score ____________________

Underline the largest number from the numbers given below

1)	**66074**	**93176**	**69318**	**51059**
2)	**39753**	**59552**	**28529**	**33488**
3)	**48800**	**25118**	**90946**	**25027**
4)	**21533**	**42397**	**94543**	**97655**
5)	**13175**	**96626**	**82182**	**46172**
6)	**60151**	**43876**	**86343**	**38168**
7)	**38084**	**35618**	**31778**	**37542**
8)	**36890**	**88954**	**73544**	**77003**
9)	**95469**	**91450**	**25257**	**57675**
10)	**49790**	**60680**	**91387**	**67463**

Name ________________ Date ___________________

Score ___________________

Underline the largest number from the numbers given below

1)	**14061**	**25171**	**56843**	**24985**
2)	**62484**	**54073**	**35118**	**61012**
3)	**89814**	**65414**	**84510**	**13043**
4)	**53215**	**72591**	**33511**	**41976**
5)	**75270**	**57972**	**56704**	**66718**
6)	**55970**	**82711**	**86034**	**12867**
7)	**81199**	**41701**	**54247**	**50144**
8)	**72101**	**93648**	**11510**	**29246**
9)	**55384**	**90730**	**29617**	**87213**
10)	**71642**	**51397**	**98952**	**85856**

Name ________________ Date __________________

Score ___________________

Underline the largest number from the numbers given below

1)	**70222**	**92239**	**95831**	**88077**
2)	**23462**	**13196**	**85176**	**34856**
3)	**25547**	**21325**	**22510**	**20310**
4)	**13840**	**13271**	**90199**	**30772**
5)	**80868**	**80929**	**81514**	**10778**
6)	**58534**	**51084**	**96265**	**92241**
7)	**48859**	**70138**	**47051**	**84336**
8)	**42476**	**22659**	**26178**	**62086**
9)	**23704**	**29551**	**77258**	**99309**
10)	**78701**	**15617**	**12489**	**96345**

Name ________________ Date ___________________

Score ___________________

Underline the largest number from the numbers given below

1)	**12133**	**98839**	**83294**	**75031**
2)	**79411**	**48695**	**83546**	**95739**
3)	**80543**	**28646**	**60614**	**42089**
4)	**70098**	**23175**	**85681**	**18039**
5)	**71170**	**44423**	**90977**	**12398**
6)	**12494**	**89016**	**72530**	**26113**
7)	**21294**	**36707**	**73285**	**33618**
8)	**31914**	**10951**	**19304**	**81850**
9)	**99929**	**76060**	**35707**	**54742**
10)	**24861**	**34660**	**46469**	**10930**

Name ________________ Date ____________________

Score ____________________

Underline the largest number from the numbers given below

1)	**81356**	**33927**	**91409**	**25567**
2)	**51806**	**76520**	**93433**	**43823**
3)	**75197**	**77770**	**69175**	**87440**
4)	**99202**	**79054**	**50651**	**52568**
5)	**78668**	**59832**	**72514**	**65369**
6)	**64201**	**59728**	**72345**	**75735**
7)	**33514**	**32892**	**90782**	**69584**
8)	**60530**	**21925**	**26493**	**42108**
9)	**92104**	**79122**	**47416**	**93746**
10)	**60467**	**67952**	**68427**	**27987**

Name ________________ Date ___________________

Score ___________________

Underline the largest number from the numbers given below

1)	**62199**	**78422**	**38028**	**97261**
2)	**92818**	**30357**	**61769**	**24956**
3)	**67009**	**69200**	**42076**	**18167**
4)	**46290**	**48770**	**93149**	**21427**
5)	**10736**	**96277**	**69795**	**17414**
6)	**50074**	**25835**	**36612**	**75428**
7)	**73954**	**67414**	**79449**	**13455**
8)	**47472**	**23685**	**70921**	**12585**
9)	**48904**	**96079**	**85181**	**93511**
10)	**71797**	**66918**	**65849**	**82819**

Name _______________ Date _________________

Score __________________

Underline the largest number from the numbers given below

1)	**80456**	**16989**	**74345**	**85101**
2)	**36543**	**14881**	**28914**	**34150**
3)	**56140**	**10876**	**61606**	**41651**
4)	**74979**	**24342**	**22454**	**53526**
5)	**95401**	**93049**	**42553**	**59793**
6)	**80600**	**62331**	**46246**	**63076**
7)	**22987**	**66458**	**31988**	**34100**
8)	**71795**	**17558**	**43034**	**26985**
9)	**51233**	**85121**	**94177**	**75928**
10)	**85000**	**63659**	**14981**	**52733**

Name ________________ Date ___________________

Score ___________________

Underline the largest number from the numbers given below

1)	**22971**	**21365**	**70175**	**53142**
2)	**28929**	**69661**	**87076**	**58528**
3)	**26772**	**48096**	**47455**	**56757**
4)	**47066**	**45109**	**50784**	**31661**
5)	**87618**	**75105**	**23258**	**30754**
6)	**66582**	**99763**	**54866**	**82585**
7)	**76085**	**79419**	**37589**	**71289**
8)	**62323**	**84666**	**57723**	**32107**
9)	**20489**	**31395**	**57029**	**88390**
10)	**85029**	**48311**	**60920**	**93058**

Name ________________ Date __________________

Score ___________________

Underline the largest number from the numbers given below

1)	**92695**	**80152**	**78234**	**24996**
2)	**97964**	**32147**	**45648**	**75522**
3)	**13820**	**44724**	**67706**	**74668**
4)	**23768**	**50001**	**81832**	**77218**
5)	**46757**	**86535**	**36734**	**60368**
6)	**86586**	**33309**	**39127**	**40233**
7)	**23675**	**33241**	**50194**	**71706**
8)	**49387**	**53224**	**46579**	**26516**
9)	**98682**	**87124**	**58107**	**82913**
10)	**50932**	**16559**	**79870**	**14353**

Name ________________ Date ___________________

Score ___________________

Underline the largest number from the numbers given below

1)	**99034**	**28161**	**78903**	**58353**
2)	**78479**	**39467**	**20819**	**26644**
3)	**68833**	**24708**	**87793**	**99192**
4)	**10843**	**40625**	**18077**	**94193**
5)	**90348**	**66102**	**82804**	**36368**
6)	**89410**	**42461**	**61417**	**93371**
7)	**37791**	**23834**	**77377**	**35569**
8)	**96214**	**30020**	**34368**	**24351**
9)	**89216**	**28755**	**85004**	**52970**
10)	**97939**	**29037**	**38366**	**15973**

Name ________________ Date __________________

Score ___________________

Underline the largest number from the numbers given below

1)	**72406**	**27979**	**49084**	**18955**
2)	**28681**	**95965**	**36278**	**81249**
3)	**80525**	**24491**	**52511**	**93095**
4)	**96181**	**69430**	**89046**	**44478**
5)	**56313**	**67609**	**76967**	**92981**
6)	**50350**	**92307**	**81389**	**61035**
7)	**91769**	**93815**	**94378**	**77116**
8)	**83786**	**61587**	**90442**	**89068**
9)	**49378**	**98316**	**64334**	**36858**
10)	**14457**	**28516**	**28140**	**73232**

Name ________________ Date ___________________

Score ___________________

Underline the largest number from the numbers given below

1)	**26272**	**66526**	**93291**	**92693**
2)	**38409**	**37449**	**41322**	**20775**
3)	**45889**	**10825**	**40728**	**56357**
4)	**74588**	**10770**	**18420**	**20932**
5)	**79582**	**28707**	**10479**	**50616**
6)	**44287**	**22001**	**98671**	**59347**
7)	**22607**	**80974**	**51627**	**85668**
8)	**87537**	**54491**	**26460**	**37504**
9)	**61496**	**58504**	**25221**	**84987**
10)	**42873**	**99199**	**15976**	**42604**

Name ________________ Date __________________

Score ___________________

Underline the largest number from the numbers given below

1)	**19745**	**56648**	**35278**	**14793**
2)	**99394**	**33856**	**93443**	**99767**
3)	**16727**	**66863**	**44076**	**56751**
4)	**94324**	**17502**	**30736**	**99845**
5)	**57304**	**41074**	**22855**	**32197**
6)	**15775**	**37198**	**39594**	**32354**
7)	**16040**	**33226**	**93272**	**51170**
8)	**67804**	**79586**	**27585**	**64641**
9)	**91617**	**85397**	**61198**	**16071**
10)	**81490**	**96515**	**98126**	**37863**

Name ________________ Date ___________________

Score ___________________

Underline the largest number from the numbers given below

1)	**97937**	**61417**	**51221**	**22697**
2)	**39622**	**46264**	**78629**	**62775**
3)	**91134**	**64339**	**82346**	**63970**
4)	**21176**	**31747**	**92921**	**92607**
5)	**31636**	**88011**	**69143**	**51097**
6)	**45398**	**62181**	**79507**	**55112**
7)	**76179**	**86536**	**94003**	**64423**
8)	**79075**	**69920**	**49731**	**99203**
9)	**32103**	**67375**	**33197**	**87901**
10)	**95994**	**24310**	**84791**	**93571**

Name ________________ Date ___________________

Score ___________________

Underline the largest number from the numbers given below

1)	**24691**	**29699**	**22408**	**72123**
2)	**44417**	**23682**	**29824**	**95831**
3)	**29873**	**81673**	**98224**	**67942**
4)	**58436**	**34170**	**15132**	**62548**
5)	**44490**	**59042**	**95352**	**95700**
6)	**47634**	**54691**	**33797**	**83621**
7)	**62461**	**68906**	**53924**	**23749**
8)	**93457**	**26667**	**27941**	**22554**
9)	**49733**	**35612**	**36958**	**25869**
10)	**95947**	**52290**	**11675**	**22123**

Name ________________ Date ___________________

Score ___________________

Underline the largest number from the numbers given below

1)	**21213**	**28772**	**83519**	**92605**
2)	**95199**	**62068**	**55558**	**58310**
3)	**58950**	**32527**	**78424**	**66728**
4)	**15264**	**12222**	**26789**	**20461**
5)	**84100**	**83195**	**17455**	**27574**
6)	**67756**	**39239**	**38024**	**87701**
7)	**44405**	**86801**	**84313**	**54767**
8)	**42705**	**35933**	**79062**	**78845**
9)	**92928**	**80227**	**23625**	**67566**
10)	**35987**	**45175**	**77988**	**39581**

Name ________________ Date ___________________

Score ___________________

Underline the largest number from the numbers given below

1)	**73644**	**83221**	**85869**	**66086**
2)	**42278**	**67305**	**88268**	**85323**
3)	**60418**	**87562**	**96566**	**76462**
4)	**49102**	**50863**	**29132**	**95728**
5)	**75757**	**96185**	**50609**	**32789**
6)	**83369**	**32148**	**79936**	**59259**
7)	**69102**	**40620**	**35800**	**88592**
8)	**86875**	**69793**	**63642**	**53852**
9)	**27267**	**37429**	**43756**	**84774**
10)	**90877**	**52269**	**66250**	**20464**

Name ________________ Date ___________________

Score ___________________

Underline the largest number from the numbers given below

1)	**42207**	**41512**	**51605**	**82115**
2)	**56743**	**22185**	**69720**	**96695**
3)	**61046**	**79769**	**80368**	**80644**
4)	**63050**	**43097**	**73936**	**41191**
5)	**32495**	**80462**	**27021**	**74566**
6)	**53183**	**58679**	**62679**	**80755**
7)	**88443**	**76338**	**60832**	**46733**
8)	**15088**	**41486**	**34011**	**46733**
9)	**70669**	**83849**	**89739**	**55172**
10)	**97629**	**56813**	**22398**	**14051**

Name ________________ Date __________________

Score ___________________

Underline the largest number from the numbers given below

1)	**73192**	**42520**	**22018**	**37258**
2)	**85071**	**93276**	**60659**	**82667**
3)	**32435**	**44845**	**96856**	**56212**
4)	**81961**	**54586**	**62172**	**91215**
5)	**92151**	**71017**	**61444**	**70622**
6)	**40897**	**15027**	**34609**	**97016**
7)	**44596**	**97421**	**38720**	**93633**
8)	**33158**	**27123**	**27953**	**27645**
9)	**79233**	**95458**	**61080**	**29279**
10)	**31968**	**27075**	**75372**	**96141**

Name ________________ Date ___________________

Score ___________________

Underline the largest number from the numbers given below

1)	**37660**	**10333**	**70472**	**45913**
2)	**83156**	**33981**	**70476**	**13643**
3)	**46434**	**72513**	**52179**	**40242**
4)	**60983**	**74150**	**29970**	**61469**
5)	**50839**	**31615**	**96777**	**14919**
6)	**16017**	**57692**	**45146**	**89160**
7)	**42323**	**90986**	**65547**	**75944**
8)	**81049**	**94244**	**51115**	**73421**
9)	**98527**	**62878**	**79969**	**91635**
10)	**33383**	**67896**	**32186**	**58589**

Name ________________ Date __________________

Score ___________________

Underline the largest number from the numbers given below

1)	**53547**	**93698**	**34849**	**66929**
2)	**16977**	**15288**	**97717**	**55866**
3)	**56410**	**60263**	**10704**	**98262**
4)	**38011**	**68513**	**32938**	**49970**
5)	**96419**	**38728**	**34200**	**82539**
6)	**58345**	**87627**	**30874**	**31756**
7)	**82610**	**83941**	**20172**	**31676**
8)	**25844**	**73497**	**38074**	**71650**
9)	**69002**	**40492**	**43027**	**15125**
10)	**71625**	**90660**	**39038**	**19714**

Name ________________ Date ___________________

Score ___________________

Underline the largest number from the numbers given below

1)	**84770**	**77845**	**49830**	**20440**
2)	**98413**	**54087**	**60343**	**17720**
3)	**87550**	**64595**	**17989**	**21198**
4)	**68704**	**83947**	**41707**	**24147**
5)	**97880**	**26096**	**87315**	**39737**
6)	**39814**	**50686**	**49942**	**25125**
7)	**33178**	**32001**	**46301**	**35609**
8)	**20603**	**68089**	**84411**	**52911**
9)	**21573**	**41969**	**63402**	**10196**
10)	**61952**	**87851**	**72528**	**97123**

Name ________________ Date __________________

Score ___________________

Underline the largest number from the numbers given below

1)	**59350**	**32696**	**76919**	**72974**
2)	**73770**	**24979**	**57179**	**74443**
3)	**66604**	**69732**	**40136**	**54241**
4)	**50098**	**21834**	**95104**	**93479**
5)	**67344**	**86958**	**50912**	**56202**
6)	**64495**	**29408**	**93539**	**54707**
7)	**10173**	**93304**	**49206**	**82604**
8)	**88758**	**41740**	**95307**	**77475**
9)	**24271**	**32190**	**87149**	**31649**
10)	**66087**	**51249**	**84035**	**76268**

Name ________________ Date ___________________

Score ___________________

Underline the largest number from the numbers given below

1)	**69595**	**34864**	**53033**	**13065**
2)	**54423**	**79570**	**56443**	**57728**
3)	**33351**	**67395**	**35576**	**39501**
4)	**10159**	**78799**	**68291**	**33902**
5)	**66575**	**32213**	**73981**	**28938**
6)	**60128**	**81698**	**30839**	**77400**
7)	**92984**	**61606**	**10850**	**36672**
8)	**12516**	**14812**	**79327**	**86909**
9)	**23523**	**20213**	**53011**	**35113**
10)	**94693**	**42772**	**99309**	**48242**

Name ________________ Date __________________

Score ___________________

Underline the largest number from the numbers given below

1)	**73490**	**78518**	**51293**	**38483**
2)	**52142**	**33338**	**28018**	**73133**
3)	**44000**	**72928**	**20888**	**29204**
4)	**21142**	**79818**	**46117**	**60797**
5)	**83781**	**32892**	**40025**	**43108**
6)	**56221**	**78966**	**87767**	**94032**
7)	**36580**	**87334**	**61073**	**11894**
8)	**23098**	**78263**	**50350**	**15984**
9)	**49853**	**79136**	**56144**	**30676**
10)	**54317**	**53091**	**85521**	**17694**

Name ________________ Date ___________________

Score ___________________

Underline the largest number from the numbers given below

1)	**39717**	**75364**	**93812**	**73042**
2)	**96770**	**43470**	**35225**	**81595**
3)	**37369**	**95925**	**68014**	**87041**
4)	**78963**	**36485**	**81029**	**71935**
5)	**52458**	**62967**	**59992**	**29195**
6)	**26904**	**73490**	**49587**	**31376**
7)	**91924**	**88787**	**34179**	**70834**
8)	**36959**	**10001**	**29203**	**56608**
9)	**63830**	**19265**	**66409**	**16236**
10)	**75372**	**73620**	**87207**	**44233**

Name ________________ Date __________________

Score ___________________

Underline the largest number from the numbers given below

1)	**97433**	**32032**	**35910**	**42759**
2)	**48597**	**48218**	**34758**	**32765**
3)	**25454**	**59783**	**11036**	**57196**
4)	**92459**	**89230**	**41471**	**55013**
5)	**44027**	**48097**	**50431**	**23332**
6)	**15010**	**88912**	**44705**	**68478**
7)	**59266**	**61823**	**37035**	**23240**
8)	**55167**	**42870**	**22147**	**26873**
9)	**37544**	**72719**	**45764**	**80760**
10)	**50465**	**73993**	**50980**	**32210**

Name ________________ Date ___________________

Score ___________________

Underline the largest number from the numbers given below

1)	**23901**	**21199**	**37369**	**17177**
2)	**54214**	**92114**	**46454**	**32689**
3)	**15130**	**95772**	**66179**	**51726**
4)	**63696**	**44706**	**10900**	**33201**
5)	**85091**	**70988**	**23014**	**48023**
6)	**60347**	**27987**	**99369**	**67280**
7)	**65090**	**88556**	**72555**	**45744**
8)	**89828**	**42068**	**36023**	**30301**
9)	**90613**	**41918**	**19080**	**13685**
10)	**71168**	**83507**	**72294**	**24208**

Name ________________ Date ___________________

Score ___________________

Underline the largest number from the numbers given below

1)	**72991**	**55659**	**15444**	**98024**
2)	**13281**	**92150**	**91477**	**71565**
3)	**65409**	**78629**	**35847**	**74636**
4)	**32043**	**53829**	**68359**	**68018**
5)	**29185**	**81789**	**77665**	**34773**
6)	**79838**	**90945**	**58754**	**94641**
7)	**24552**	**71455**	**12386**	**49167**
8)	**44025**	**49229**	**23515**	**42845**
9)	**33496**	**96913**	**74567**	**90381**
10)	**13108**	**38728**	**70099**	**95896**

Name ______________ Date ________________

Score ________________

Underline the largest number from the numbers given below

1)	**98525**	**84536**	**16803**	**50238**
2)	**14762**	**42336**	**85138**	**16841**
3)	**19737**	**36798**	**13160**	**32684**
4)	**40443**	**35892**	**87713**	**46928**
5)	**54527**	**17820**	**86053**	**56248**
6)	**10811**	**35353**	**11864**	**91862**
7)	**96554**	**86190**	**82283**	**13397**
8)	**22098**	**85212**	**34082**	**44164**
9)	**78009**	**98631**	**28021**	**22135**
10)	**16826**	**48221**	**54966**	**77606**

Name ________________ Date ___________________

Score ___________________

Underline the largest number from the numbers given below

1)	**74282**	**33808**	**63359**	**22891**
2)	**80431**	**57261**	**53813**	**35051**
3)	**71526**	**34116**	**40018**	**75414**
4)	**22020**	**88988**	**81399**	**39363**
5)	**27436**	**21725**	**69264**	**93843**
6)	**89272**	**12621**	**54793**	**47434**
7)	**55523**	**35857**	**77600**	**86495**
8)	**64264**	**13558**	**56779**	**17430**
9)	**24585**	**83395**	**78715**	**46014**
10)	**65955**	**13636**	**50441**	**42117**

Name ________________ Date ___________________

Score ___________________

Underline the largest number from the numbers given below

1)	**34594**	**12987**	**22153**	**52539**
2)	**28281**	**73795**	**34551**	**56083**
3)	**78196**	**80883**	**57845**	**12730**
4)	**81468**	**14613**	**44522**	**42101**
5)	**80808**	**59284**	**41487**	**31420**
6)	**66841**	**30368**	**65634**	**28017**
7)	**40557**	**62392**	**75357**	**79857**
8)	**14358**	**46651**	**42050**	**85189**
9)	**92333**	**97066**	**75306**	**99328**
10)	**64746**	**34800**	**16822**	**91349**

Name ________________ Date ___________________

Score ___________________

Underline the largest number from the numbers given below

1)	**81628**	**59667**	**55993**	**92414**
2)	**31847**	**16939**	**76199**	**67568**
3)	**32350**	**90097**	**47485**	**41998**
4)	**92588**	**42666**	**78461**	**41917**
5)	**80471**	**82801**	**83765**	**31002**
6)	**35348**	**54578**	**59754**	**77533**
7)	**99437**	**60023**	**71708**	**15319**
8)	**65969**	**62169**	**22800**	**45370**
9)	**37679**	**82235**	**94246**	**95923**
10)	**24340**	**92375**	**89244**	**38680**

Name ________________ Date ___________________

Score ___________________

Underline the largest number from the numbers given below

1)	**44701**	**89367**	**73903**	**36839**
2)	**27340**	**46836**	**59897**	**18094**
3)	**91716**	**54188**	**70794**	**62480**
4)	**81196**	**41572**	**13047**	**82956**
5)	**87742**	**54778**	**86488**	**65189**
6)	**11152**	**10301**	**14558**	**35221**
7)	**50198**	**84327**	**48228**	**90591**
8)	**34569**	**69331**	**74091**	**85298**
9)	**58112**	**15312**	**45142**	**72628**
10)	**88015**	**88230**	**87497**	**38385**

Name ________________ Date __________________

Score ___________________

Underline the largest number from the numbers given below

1)	**23635**	**50835**	**41673**	**22644**
2)	**33971**	**55410**	**58364**	**54886**
3)	**47774**	**46791**	**48060**	**59696**
4)	**36675**	**95731**	**26616**	**67091**
5)	**77108**	**49361**	**25957**	**78494**
6)	**63839**	**67412**	**31595**	**68253**
7)	**97287**	**18015**	**49798**	**16822**
8)	**22518**	**50214**	**64061**	**91798**
9)	**48615**	**86747**	**65213**	**66834**
10)	**42132**	**14476**	**32185**	**95821**

Name ________________ Date ___________________

Score ___________________

Underline the largest number from the numbers given below

1)	**60773**	**29835**	**26130**	**52070**
2)	**72195**	**62010**	**25882**	**87569**
3)	**66214**	**80817**	**86091**	**89739**
4)	**72375**	**54231**	**24216**	**19619**
5)	**55966**	**10721**	**29390**	**35139**
6)	**64205**	**32868**	**88824**	**83006**
7)	**39046**	**22586**	**64743**	**68528**
8)	**40854**	**20849**	**70177**	**64800**
9)	**67460**	**14211**	**25041**	**34983**
10)	**97295**	**97984**	**56079**	**58899**

Name ________________ Date __________________

Score ___________________

Underline the largest number from the numbers given below

1)	**71749**	**34859**	**92835**	**47487**
2)	**73964**	**52383**	**13434**	**54721**
3)	**29215**	**20038**	**40123**	**38776**
4)	**76097**	**34992**	**88229**	**40415**
5)	**24197**	**88531**	**12837**	**46921**
6)	**37264**	**51490**	**51053**	**59091**
7)	**24423**	**87658**	**22254**	**26451**
8)	**24195**	**28538**	**16873**	**64144**
9)	**77187**	**26575**	**92254**	**74574**
10)	**32479**	**99873**	**28822**	**42473**

Name ________________ Date ___________________

Score ___________________

Underline the largest number from the numbers given below

1)	**58015**	**76180**	**28562**	**10695**
2)	**81336**	**56966**	**95005**	**72731**
3)	**20884**	**55726**	**45691**	**37529**
4)	**32582**	**24853**	**11407**	**20475**
5)	**24452**	**58568**	**24931**	**65964**
6)	**80851**	**25746**	**46146**	**38896**
7)	**88683**	**67429**	**62369**	**80310**
8)	**87029**	**93312**	**57868**	**73354**
9)	**50692**	**92465**	**46949**	**92577**
10)	**28084**	**48488**	**69888**	**45122**

Name ________________ Date ___________________

Score ___________________

Underline the largest number from the numbers given below

1)	**86330**	**52767**	**99519**	**46811**
2)	**31166**	**42126**	**33239**	**29541**
3)	**95741**	**51139**	**69790**	**25397**
4)	**37661**	**68960**	**76412**	**52583**
5)	**47981**	**65044**	**55591**	**73846**
6)	**64135**	**63883**	**30031**	**91312**
7)	**32437**	**29468**	**12535**	**25410**
8)	**97510**	**90417**	**54252**	**40068**
9)	**31704**	**64256**	**83321**	**30561**
10)	**19666**	**82871**	**29799**	**82354**

Name ________________ Date ___________________

Score ___________________

Underline the largest number from the numbers given below

1)	**73550**	**99076**	**30701**	**58972**
2)	**72707**	**93852**	**66720**	**81827**
3)	**35427**	**55515**	**30752**	**10630**
4)	**56289**	**20808**	**99366**	**58698**
5)	**80311**	**18146**	**96638**	**34742**
6)	**39096**	**79119**	**89931**	**13267**
7)	**17583**	**48468**	**94325**	**56141**
8)	**55227**	**45652**	**48843**	**35188**
9)	**34001**	**97110**	**19726**	**78970**
10)	**58276**	**23660**	**33311**	**75401**

Name ________________ Date __________________

Score ___________________

Underline the largest number from the numbers given below

1)	**93564**	**57282**	**24112**	**23023**
2)	**95245**	**67074**	**81478**	**96725**
3)	**71468**	**71547**	**46909**	**11230**
4)	**15761**	**86463**	**53311**	**28405**
5)	**78286**	**21384**	**56137**	**19180**
6)	**51912**	**39147**	**62861**	**19309**
7)	**54247**	**88341**	**24137**	**25883**
8)	**83768**	**31049**	**27788**	**26424**
9)	**59193**	**29441**	**90984**	**32975**
10)	**14201**	**65723**	**86399**	**92715**

Name ________________ Date ___________________

Score ___________________

Underline the largest number from the numbers given below

1)	**82356**	**87166**	**57802**	**27939**
2)	**18309**	**94791**	**28513**	**29873**
3)	**51915**	**95565**	**25127**	**40261**
4)	**87886**	**16066**	**24547**	**88656**
5)	**89041**	**41090**	**67166**	**68163**
6)	**83476**	**23308**	**48332**	**29816**
7)	**53879**	**21986**	**23889**	**43835**
8)	**18828**	**78386**	**11030**	**71560**
9)	**66273**	**23516**	**77697**	**28015**
10)	**85498**	**73495**	**24756**	**77058**

Name ________________ Date __________________

Score __________________

Underline the largest number from the numbers given below

1)	**80572**	**91480**	**15757**	**19423**
2)	**39266**	**56472**	**43314**	**91105**
3)	**16822**	**29487**	**72576**	**99986**
4)	**89368**	**45521**	**58645**	**83403**
5)	**73540**	**17503**	**78844**	**23786**
6)	**54268**	**30797**	**17284**	**20940**
7)	**54190**	**22371**	**39192**	**96830**
8)	**35380**	**31810**	**32447**	**53958**
9)	**67039**	**68391**	**79833**	**12792**
10)	**81649**	**57908**	**95125**	**73427**

Name ________________ Date ___________________

Score ___________________

Underline the largest number from the numbers given below

1)	**28515**	**70490**	**54050**	**29176**
2)	**27173**	**97675**	**62535**	**72064**
3)	**21544**	**99451**	**82002**	**77819**
4)	**93163**	**81690**	**19121**	**23237**
5)	**64742**	**83953**	**66298**	**92541**
6)	**48792**	**21319**	**99516**	**34642**
7)	**68321**	**42901**	**89571**	**14977**
8)	**38240**	**24038**	**53637**	**12644**
9)	**45699**	**89655**	**44402**	**37386**
10)	**62251**	**59973**	**33265**	**34558**

Name ________________ Date __________________

Score ___________________

Underline the largest number from the numbers given below

1)	**46709**	**56474**	**56758**	**55419**
2)	**60192**	**58929**	**55078**	**45515**
3)	**57336**	**22606**	**64197**	**97822**
4)	**41055**	**47892**	**34714**	**45474**
5)	**94316**	**98241**	**29777**	**48495**
6)	**19342**	**57442**	**83579**	**59691**
7)	**61508**	**53526**	**99777**	**14503**
8)	**86170**	**16627**	**34490**	**32444**
9)	**10551**	**49879**	**17083**	**47120**
10)	**92048**	**54727**	**10132**	**60249**

Name ________________ Date ___________________

Score ___________________

Underline the largest number from the numbers given below

1)	**17346**	**92090**	**68959**	**58159**
2)	**82101**	**89169**	**12911**	**95589**
3)	**45816**	**78668**	**42899**	**47256**
4)	**84302**	**18010**	**94495**	**64033**
5)	**84816**	**97032**	**19875**	**96407**
6)	**38713**	**81065**	**39960**	**88019**
7)	**73017**	**53992**	**62516**	**44280**
8)	**36212**	**65219**	**20825**	**24739**
9)	**60353**	**51850**	**87690**	**57581**
10)	**36841**	**32647**	**19654**	**52971**

Name ________________ Date __________________

Score ___________________

Underline the largest number from the numbers given below

1)	**89707**	**54882**	**35287**	**39384**
2)	**55681**	**75904**	**52570**	**70766**
3)	**35174**	**18199**	**50079**	**18144**
4)	**91957**	**99614**	**25409**	**24910**
5)	**79916**	**20872**	**15123**	**24080**
6)	**94730**	**43419**	**69560**	**12627**
7)	**22066**	**93257**	**74024**	**15083**
8)	**72145**	**77951**	**12671**	**77821**
9)	**87022**	**25832**	**91239**	**66013**
10)	**61064**	**68163**	**39113**	**55177**

Name ________________ Date ___________________

Score ___________________

Underline the largest number from the numbers given below

1)	**35314**	**21705**	**47387**	**56121**
2)	**89799**	**12905**	**29135**	**84059**
3)	**49665**	**49588**	**73978**	**75999**
4)	**53695**	**50487**	**36336**	**26756**
5)	**27829**	**22836**	**27980**	**13016**
6)	**33168**	**18298**	**19759**	**54861**
7)	**34334**	**78141**	**84968**	**55621**
8)	**64671**	**13162**	**32315**	**92330**
9)	**23462**	**84161**	**86423**	**56756**
10)	**98365**	**63735**	**35651**	**10331**

Name ________________ Date ___________________

Score ___________________

Underline the largest number from the numbers given below

1)	**38844**	**67123**	**51929**	**17755**
2)	**73308**	**25953**	**46904**	**38638**
3)	**62142**	**42414**	**42380**	**87156**
4)	**94200**	**49493**	**80610**	**30812**
5)	**36569**	**39259**	**45140**	**60744**
6)	**18633**	**96273**	**63622**	**42394**
7)	**92105**	**86938**	**59419**	**36053**
8)	**74042**	**33325**	**15181**	**20842**
9)	**45776**	**81308**	**47579**	**56212**
10)	**64862**	**37059**	**70944**	**58361**

Name ________________ Date ___________________

Score ___________________

Underline the largest number from the numbers given below

1)	**87378**	**68076**	**68657**	**48492**
2)	**61920**	**98395**	**64260**	**39448**
3)	**12136**	**30057**	**80848**	**84080**
4)	**57346**	**26070**	**12307**	**11334**
5)	**93622**	**69268**	**54144**	**56817**
6)	**95680**	**15180**	**14619**	**77976**
7)	**41577**	**39408**	**74012**	**74916**
8)	**46563**	**21188**	**13199**	**91757**
9)	**47176**	**59962**	**61565**	**57216**
10)	**35368**	**55696**	**22236**	**19451**

Name ________________ Date __________________

Score ___________________

Underline the largest number from the numbers given below

1)	**93508**	**61982**	**71214**	**23071**
2)	**18452**	**64331**	**28596**	**73119**
3)	**39880**	**27391**	**68016**	**41216**
4)	**63199**	**98912**	**28179**	**27131**
5)	**78692**	**84164**	**16615**	**79569**
6)	**60608**	**64555**	**81998**	**58242**
7)	**54855**	**13408**	**40769**	**54204**
8)	**61453**	**14604**	**99181**	**41395**
9)	**35126**	**16795**	**63233**	**37983**
10)	**34180**	**15272**	**84972**	**54258**

Name ______________ Date ________________

Score ________________

Underline the largest number from the numbers given below

1)	**56383**	**94702**	**98090**	**25513**
2)	**28796**	**97842**	**58177**	**13401**
3)	**15417**	**45590**	**29263**	**81862**
4)	**81336**	**65341**	**32175**	**76625**
5)	**27471**	**72707**	**52951**	**23908**
6)	**94786**	**49539**	**20155**	**31690**
7)	**95758**	**49505**	**43753**	**43640**
8)	**91114**	**89202**	**14224**	**94272**
9)	**83859**	**81459**	**29519**	**29463**
10)	**10554**	**20610**	**65597**	**65408**

Name ________________ Date __________________

Score ___________________

Underline the largest number from the numbers given below

1)	**33204**	**48769**	**61947**	**27561**
2)	**53481**	**25978**	**19634**	**19690**
3)	**33954**	**62240**	**97077**	**10047**
4)	**39764**	**49814**	**42504**	**70672**
5)	**21888**	**39458**	**27782**	**39270**
6)	**99463**	**98623**	**33072**	**25700**
7)	**64727**	**28795**	**14677**	**68929**
8)	**67847**	**68431**	**53518**	**14382**
9)	**72064**	**49718**	**39395**	**86717**
10)	**64229**	**11617**	**15979**	**86428**

Name ________________ Date ___________________

Score ___________________

Underline the largest number from the numbers given below

1)	**51972**	**84126**	**56506**	**49369**
2)	**44177**	**38736**	**34858**	**64851**
3)	**28301**	**51842**	**36558**	**31821**
4)	**86017**	**79285**	**65690**	**15508**
5)	**33092**	**70200**	**53185**	**47512**
6)	**61420**	**52405**	**39216**	**71300**
7)	**31042**	**65798**	**56628**	**90321**
8)	**36851**	**49304**	**32627**	**87298**
9)	**62915**	**22900**	**64886**	**56186**
10)	**37728**	**58403**	**15327**	**51488**

Name ________________ Date __________________

Score ___________________

Underline the largest number from the numbers given below

1)	**68104**	**32398**	**80438**	**71462**
2)	**36314**	**59376**	**79711**	**74748**
3)	**25996**	**38429**	**27452**	**70879**
4)	**14335**	**79435**	**76395**	**74172**
5)	**29917**	**16777**	**77760**	**26988**
6)	**56297**	**32511**	**10975**	**78721**
7)	**95480**	**24056**	**32579**	**51343**
8)	**91474**	**61898**	**68965**	**66039**
9)	**23200**	**85669**	**80272**	**39922**
10)	**96225**	**12720**	**95717**	**69937**

Name ________________ Date ___________________

Score ___________________

Underline the largest number from the numbers given below

1)	**35968**	**54078**	**98937**	**38103**
2)	**29368**	**98110**	**99175**	**17539**
3)	**36831**	**41656**	**18933**	**98110**
4)	**32535**	**22533**	**51616**	**78351**
5)	**68368**	**60446**	**50999**	**36033**
6)	**49704**	**45382**	**80227**	**74228**
7)	**50676**	**76021**	**16999**	**80318**
8)	**99279**	**90369**	**64967**	**13728**
9)	**52033**	**25325**	**36238**	**11619**
10)	**84341**	**51757**	**33811**	**26094**

Name ________________ Date __________________

Score ___________________

Underline the largest number from the numbers given below

1) **79699** **25154** **31212** **55236**

2) **85069** **33115** **42316** **67171**

3) **94530** **11129** **22056** **64563**

4) **93129** **50250** **46849** **22086**

5) **35430** **23196** **15635** **34952**

6) **79872** **98195** **85627** **91378**

7) **66883** **74318** **12293** **28883**

8) **11471** **30236** **39663** **51468**

9) **79760** **14350** **52222** **32465**

10) **19488** **43376** **18651** **85981**

Name ________________ Date ___________________

Score ___________________

Underline the largest number from the numbers given below

1)	**51332**	**20803**	**38271**	**39969**
2)	**11347**	**54815**	**99050**	**38783**
3)	**11545**	**67871**	**28445**	**33577**
4)	**26155**	**19837**	**71247**	**57150**
5)	**48836**	**46580**	**60560**	**76595**
6)	**91227**	**52021**	**14606**	**44372**
7)	**77675**	**87708**	**69034**	**75942**
8)	**26834**	**85414**	**57992**	**60839**
9)	**26723**	**15525**	**83960**	**55874**
10)	**52441**	**97528**	**15795**	**29541**

Name ________________ Date __________________

Score ___________________

Underline the largest number from the numbers given below

1)	**29941**	**29991**	**92236**	**61017**
2)	**17003**	**82926**	**84046**	**75046**
3)	**75180**	**37464**	**56233**	**20634**
4)	**82654**	**71809**	**54166**	**30750**
5)	**20536**	**53452**	**69081**	**67675**
6)	**36655**	**32764**	**71788**	**47640**
7)	**66102**	**71583**	**64466**	**63290**
8)	**30120**	**23545**	**42169**	**67089**
9)	**17901**	**57576**	**36860**	**23569**
10)	**41837**	**65944**	**93870**	**59888**

Name ________________ Date ___________________

Score ___________________

Underline the largest number from the numbers given below

1)	**30310**	**40815**	**77505**	**10527**
2)	**96344**	**76173**	**43632**	**54123**
3)	**27619**	**27100**	**23408**	**11845**
4)	**28611**	**95298**	**56413**	**60869**
5)	**92035**	**69698**	**39675**	**85552**
6)	**33418**	**49770**	**82763**	**86890**
7)	**33121**	**40501**	**80490**	**94860**
8)	**58378**	**29511**	**79504**	**33655**
9)	**22377**	**95221**	**23364**	**23958**
10)	**52919**	**26897**	**44709**	**14528**

Name ________________ Date ___________________

Score ___________________

Underline the largest number from the numbers given below

1)	**94539**	**80552**	**52343**	**33717**
2)	**28710**	**27705**	**71006**	**85325**
3)	**49581**	**49192**	**30347**	**91762**
4)	**61172**	**36739**	**88987**	**93325**
5)	**99826**	**45827**	**39490**	**57136**
6)	**54675**	**33286**	**38345**	**51256**
7)	**73885**	**14793**	**40015**	**52270**
8)	**60876**	**43311**	**90022**	**61434**
9)	**55146**	**33733**	**51581**	**38582**
10)	**93946**	**98837**	**30413**	**87967**

Name ________________ Date ___________________

Score ___________________

Underline the largest number from the numbers given below

1)	**97519**	**78355**	**38373**	**33101**
2)	**54254**	**27074**	**92023**	**44999**
3)	**89034**	**37648**	**74098**	**27480**
4)	**49040**	**34604**	**38745**	**54218**
5)	**11319**	**30894**	**49187**	**92656**
6)	**74603**	**62693**	**83479**	**75861**
7)	**97553**	**46256**	**58587**	**26664**
8)	**68112**	**12482**	**18349**	**66931**
9)	**50380**	**18268**	**55053**	**83288**
10)	**99442**	**37464**	**26044**	**28639**

Name ________________ Date ___________________

Score ___________________

Underline the largest number from the numbers given below

1)	**90433**	**69382**	**59404**	**50442**
2)	**70899**	**29738**	**50982**	**55999**
3)	**94305**	**27558**	**24958**	**81466**
4)	**34097**	**14986**	**95264**	**15810**
5)	**78655**	**55390**	**52188**	**51494**
6)	**55933**	**65337**	**22215**	**70312**
7)	**11588**	**29898**	**31884**	**62701**
8)	**27943**	**60439**	**25041**	**24461**
9)	**91722**	**71974**	**56250**	**74805**
10)	**30321**	**39156**	**36204**	**20719**

Name ________________ Date ___________________

Score ___________________

Underline the largest number from the numbers given below

1)	**43415**	**73882**	**43277**	**55854**
2)	**46508**	**90619**	**82303**	**18570**
3)	**70379**	**10810**	**65658**	**51602**
4)	**89293**	**41034**	**39474**	**31387**
5)	**75837**	**90141**	**75774**	**22715**
6)	**92799**	**89637**	**15729**	**72250**
7)	**23134**	**51791**	**47964**	**64664**
8)	**41452**	**11025**	**56235**	**15992**
9)	**21140**	**91259**	**17315**	**91488**
10)	**31888**	**72335**	**29581**	**98376**

Name ________________ Date __________________

Score ___________________

Underline the largest number from the numbers given below

1)	**41980**	**79356**	**25924**	**38451**
2)	**76743**	**99810**	**51086**	**56982**
3)	**70815**	**43440**	**32636**	**34397**
4)	**88385**	**77629**	**56972**	**68946**
5)	**22063**	**19558**	**50321**	**77890**
6)	**16584**	**13444**	**99236**	**54782**
7)	**17581**	**60308**	**10757**	**11265**
8)	**64449**	**62109**	**65036**	**62208**
9)	**15752**	**31712**	**27773**	**86223**
10)	**35693**	**10844**	**83034**	**22094**

Name ________________ Date ___________________

Score ___________________

Underline the largest number from the numbers given below

1)	**52192**	**42190**	**10260**	**97094**
2)	**29695**	**32635**	**72874**	**65795**
3)	**29661**	**97265**	**84373**	**62763**
4)	**24048**	**94541**	**66713**	**28236**
5)	**67038**	**46911**	**80516**	**33709**
6)	**42213**	**27634**	**52625**	**69700**
7)	**46839**	**64013**	**77085**	**19013**
8)	**99318**	**53381**	**30910**	**32809**
9)	**79747**	**68739**	**32729**	**90137**
10)	**35818**	**48231**	**42448**	**26099**

Name ________________ Date __________________

Score ___________________

Underline the largest number from the numbers given below

1)	**71761**	**17708**	**13266**	**15151**
2)	**47833**	**12113**	**39849**	**84272**
3)	**14320**	**56243**	**74920**	**68784**
4)	**56682**	**15127**	**65709**	**74108**
5)	**70808**	**20742**	**25732**	**52975**
6)	**19130**	**47448**	**94644**	**59533**
7)	**67618**	**42131**	**56137**	**46682**
8)	**29328**	**62128**	**64746**	**54825**
9)	**71103**	**62739**	**55400**	**27189**
10)	**87440**	**41649**	**67281**	**97511**

Name ______________ Date ________________

Score ________________

Underline the largest number from the numbers given below

1)	**85218**	**40839**	**82114**	**23684**
2)	**14344**	**84241**	**71195**	**42207**
3)	**96280**	**49007**	**24369**	**65917**
4)	**48807**	**67272**	**38695**	**54735**
5)	**20231**	**92353**	**96910**	**72848**
6)	**35674**	**32587**	**47644**	**20962**
7)	**12211**	**28746**	**73680**	**40639**
8)	**18418**	**95271**	**68647**	**46227**
9)	**16756**	**82462**	**72586**	**50322**
10)	**41248**	**52165**	**41474**	**99150**

Name ________________ Date __________________

Score ___________________

Underline the largest number from the numbers given below

1)	**33359**	**68553**	**63079**	**61388**
2)	**70740**	**20201**	**19530**	**28600**
3)	**92373**	**97542**	**37063**	**24068**
4)	**92365**	**28778**	**93951**	**77783**
5)	**35579**	**38249**	**55076**	**33973**
6)	**55564**	**44228**	**36851**	**24160**
7)	**51267**	**73843**	**81268**	**80406**
8)	**93416**	**64991**	**22217**	**22707**
9)	**48434**	**86466**	**89905**	**90814**
10)	**22176**	**72532**	**61258**	**66927**

Name _______________ Date __________________

Score __________________

Underline the largest number from the numbers given below

1)	**27348**	**48639**	**36444**	**19373**
2)	**93800**	**40026**	**49194**	**77169**
3)	**61016**	**30500**	**62500**	**46395**
4)	**96338**	**75591**	**21506**	**94115**
5)	**15620**	**55090**	**73592**	**68071**
6)	**51178**	**78686**	**54820**	**38524**
7)	**63269**	**66550**	**35121**	**91318**
8)	**47789**	**40284**	**14276**	**45812**
9)	**37956**	**93817**	**34689**	**54929**
10)	**81700**	**67925**	**59884**	**33507**

Name ________________ Date ___________________

Score ___________________

Underline the largest number from the numbers given below

1)	**98550**	**48802**	**49604**	**15637**
2)	**34795**	**18100**	**92602**	**29307**
3)	**67835**	**93780**	**68942**	**41399**
4)	**29492**	**39685**	**33051**	**24897**
5)	**29919**	**67964**	**76669**	**99681**
6)	**36930**	**95602**	**78934**	**89636**
7)	**19543**	**68006**	**69730**	**57387**
8)	**14184**	**96829**	**45686**	**29896**
9)	**52632**	**65319**	**39861**	**69120**
10)	**41958**	**93258**	**89415**	**59397**

Name _______________ Date __________________

Score __________________

Underline the largest number from the numbers given below

1)	**35446**	**52838**	**11981**	**40150**
2)	**34767**	**11256**	**51792**	**94463**
3)	**50547**	**49814**	**85403**	**52358**
4)	**23137**	**64576**	**40980**	**52783**
5)	**40922**	**64197**	**80407**	**31899**
6)	**97164**	**66993**	**84158**	**96913**
7)	**80798**	**60940**	**96610**	**18387**
8)	**23502**	**31771**	**98897**	**40159**
9)	**73531**	**49438**	**84048**	**40974**
10)	**64510**	**88216**	**46836**	**92307**

Name _______________ Date _________________

Score _________________

Underline the largest number from the numbers given below

1)	**76020**	**64609**	**84617**	**82311**
2)	**31276**	**95030**	**17910**	**56559**
3)	**30606**	**56713**	**61973**	**36382**
4)	**31629**	**43732**	**37556**	**98691**
5)	**15815**	**67424**	**82474**	**86833**
6)	**36047**	**24676**	**17063**	**25389**
7)	**71597**	**20091**	**15453**	**66204**
8)	**81116**	**52270**	**12231**	**54417**
9)	**78759**	**18216**	**37413**	**12465**
10)	**67051**	**84781**	**19172**	**82028**

Name ________________ Date ___________________

Score ___________________

Underline the largest number from the numbers given below

1)	**70596**	**78741**	**17975**	**95647**
2)	**30403**	**54542**	**16449**	**89651**
3)	**17692**	**52724**	**64053**	**51056**
4)	**82046**	**41871**	**63061**	**57344**
5)	**30200**	**36819**	**17273**	**17962**
6)	**90532**	**21076**	**17131**	**53516**
7)	**94667**	**95667**	**89128**	**45659**
8)	**92290**	**68818**	**80685**	**96405**
9)	**62945**	**38211**	**72995**	**42552**
10)	**40782**	**67765**	**96686**	**43967**

Name ________________ Date __________________

Score ___________________

Underline the largest number from the numbers given below

1)	**33036**	**94481**	**68232**	**91994**
2)	**50477**	**91302**	**47327**	**91967**
3)	**18969**	**38470**	**35916**	**81995**
4)	**28846**	**60955**	**81089**	**14069**
5)	**55603**	**80184**	**84676**	**82510**
6)	**13309**	**14215**	**58558**	**95659**
7)	**36428**	**48609**	**28219**	**43425**
8)	**21387**	**28463**	**59961**	**15650**
9)	**59226**	**94775**	**97984**	**26007**
10)	**88835**	**16057**	**63130**	**16734**

Name ________________ Date ___________________

Score ___________________

Underline the largest number from the numbers given below

1)	**96035**	**17528**	**53536**	**76258**
2)	**52622**	**74905**	**48014**	**28458**
3)	**67231**	**91946**	**52414**	**10880**
4)	**70296**	**63467**	**54279**	**85749**
5)	**35402**	**52507**	**88213**	**49499**
6)	**29680**	**75574**	**65652**	**53245**
7)	**40124**	**72391**	**66441**	**40939**
8)	**73483**	**77730**	**32790**	**54785**
9)	**98285**	**86612**	**91061**	**16881**
10)	**58850**	**47962**	**13782**	**47054**

Name ________________ Date ___________________

Score ___________________

Underline the largest number from the numbers given below

1)	**66876**	**25063**	**76741**	**85061**
2)	**24694**	**50477**	**32329**	**10930**
3)	**20210**	**64337**	**18640**	**63881**
4)	**50797**	**23265**	**31601**	**55459**
5)	**41651**	**75909**	**59939**	**16387**
6)	**40462**	**75737**	**96371**	**42084**
7)	**73871**	**71212**	**12913**	**85749**
8)	**80452**	**74376**	**39066**	**38690**
9)	**82500**	**12523**	**87445**	**80340**
10)	**65054**	**28217**	**97718**	**78687**

Name ________________ Date ___________________

Score ___________________

Underline the largest number from the numbers given below

1)	**14647**	**15406**	**40085**	**62634**
2)	**73030**	**18331**	**12011**	**83931**
3)	**57333**	**26129**	**62883**	**19732**
4)	**67979**	**20017**	**20784**	**19527**
5)	**70951**	**21283**	**73883**	**30674**
6)	**29457**	**43773**	**56567**	**61347**
7)	**60327**	**34497**	**44965**	**38134**
8)	**37868**	**79195**	**30801**	**15560**
9)	**95062**	**66350**	**34675**	**12762**
10)	**36752**	**44181**	**37244**	**66956**

Name ________________ Date ____________________

Score ____________________

Underline the largest number from the numbers given below

1)	**58465**	**40294**	**84969**	**41962**
2)	**76000**	**27532**	**25875**	**14182**
3)	**11657**	**72503**	**56983**	**21981**
4)	**96687**	**34637**	**72113**	**80237**
5)	**55969**	**77477**	**71918**	**54489**
6)	**88613**	**22518**	**33715**	**88998**
7)	**22066**	**13141**	**37072**	**42823**
8)	**32414**	**52503**	**67981**	**48881**
9)	**37613**	**47112**	**98506**	**11121**
10)	**67168**	**94993**	**92140**	**24817**

Name ________________ Date ___________________

Score ___________________

Underline the largest number from the numbers given below

1)	**27985**	**51342**	**39921**	**56370**
2)	**28666**	**60323**	**35258**	**21198**
3)	**25645**	**66558**	**81881**	**77717**
4)	**30520**	**62894**	**47067**	**44179**
5)	**65775**	**95503**	**84087**	**51233**
6)	**52487**	**70719**	**71419**	**45831**
7)	**97090**	**65133**	**42393**	**66985**
8)	**31374**	**61619**	**58023**	**20046**
9)	**27819**	**27201**	**33852**	**57219**
	28102	**35605**	**99375**	**47383**

Made in the USA
Monee, IL
17 August 2025

23490790R00275